무너져도 괜찮아

무너져도 괜찮아

잃어버린 삶의 균형을 되찾을
중심 잡기의 기술

엔소울 글·사진

Z 작크드얀

사람은 태어날 때
아무것도 가지지 않고
그냥 발가벗은 채 맨몸으로 태어난다.

옷이나 차 같은 물건뿐만 아니라
도전, 성취, 결실, 경험 같은 것들 역시
처음부터 우리 삶에 있었던 게 아니다.

이것들은 내 것이 아니었기 때문에
살아가면서 언제든 사라져도
이상할 것이 하나도 없다.

그래서 나는 매 순간 돌을 쌓듯
진심을 다하며 살지만
그 결과가 와르르 무너진다고 해도 개의치 않는다.
앞으로도 수없이 무너질 테니까 말이다.

사람들은 무너지는 것을 두려워하지만
나는 이제 두렵지 않다.
억지로 버티다 무너지기보다는
차라리 스스로 무너뜨리는 사람이 되기로 했기 때문에.

그러니 선물 같은 인생을 함부로 무너뜨리자.
중심을 잡으려고 악착같이 버티지 말자.
한 번쯤은 무너져도 괜찮다.

시작하며
내 삶의 방향을 스스로 결정한다는 것

> 소리에 놀라지 않는 사자와 같이
> 그물에 걸리지 않는 바람과 같이
> 흙탕물에 더럽혀지지 않는 연꽃과 같이
> 무소의 뿔처럼 혼자서 가라.
> _숫타니파타

나는 지금 양손에 돌 세 개를 겹쳐 들고 중심을 잡기 위해 안간힘을 쓰고 있다. 사람들은 보통 눈에 보이는 세계에 집착하는 경향이 있다. 그래서 자주 흔들리고 무너지며 자기를 의심한다. 눈에 보이는 세계가 곧 자기라고 단정 짓기 때문이다. 나 또한 그런 사람 중의 한 명이었다.

하지만 밸런싱 아트라는 세계를 접한 후에는 눈에 보이지는 않지만 자명하게 존재하는 중심이라는 세계를 탐구할 수 있게 되었다. 서로 다른 무게중심을 가진 돌들이 갓 태어난 망아지 다리처럼 흔들리다 완벽하게 서는 모습을 보면, 말로는 형용할 수 없는 기쁨과 안정을 느끼게 된다.

내가 10년이라는 시간 동안 다양한 사물들의 무게중심을 찾아 쌓고 무너뜨리며 알게 된 손끝 철학은 다음과 같다.

- 중심을 잡는다.
- 중심을 유지한다.
- 중심을 무너뜨린다.

요즘 들어 "걱정은 흔들의자와 같아서 당신을 계속 움직이게 하지만, 아무 데도 데려다주지 않는다"라는 속담을 자꾸만 되뇐다. 이 말이 이제 막 마흔이 된 나의 마음을 가장 잘 대변한다고 느낀다. 한편으로는 군이 흔들의자를 박차고 나아갈 것이 아니라, 흔들의자를 완전히 멈추는 일도 삶을 살아가는 하나의 방식이라는 생각이 든다. 차라리 흔들의자와 함께 앞으로 고꾸라지거나 뒤로 넘어가 중심을 완전히 잃어버리는 것도 괜찮을 것이라는 미심쩍은 마음과 함께.

'중심'이라는 단어를 떠올리면, 마음 한가운데에 무언가가 묵직하게 자리 잡는 기분이다. 가슴에 손을 얹어 만질 수도 없고 눈으로 직접 볼 수도 없지만, 한 가지 확실한 것은 그 중심이 분명히 존재한다는 사실이다. 눈에 보이는 세계에 집착했던 시절의 나는 중심에 대해 깊이 생각해본 적이 없었다. 그저 나답게, 나의 방식대로 살면 그것이 바로 나라고 생각했다. 그래서 "이게 나야"라며 거침없이 살았고, 세상이 나를 결코 흔들 수 없을 것이라고 믿어왔다.

그러나 나이가 들며 이런 호기 넘치는 믿음도 점차 약해지기 시작했다. 나에게 주어지는 어쩔 수 없는 책임들이 늘어났기 때문이다. 심지어 '이게 나야'라는 거룩한 태도로는 더 이상 버티기 힘들어지는 순간들도 마주했다. 속담의 의도대로 흔들의자에 앉아 있다가 박차고 나아가려 해도 예전과는 다르게 보이지 않는 벽이 나를 가로막았다. 마치 세상이 나에게 "너, 지금처럼 살면 죽도 밥도 안 돼"라고 놀리는 듯했다. 그간 자의 반 타의 반으로 선택해온 나의 삶 자체를 부정당하고 있었다. 그때 내가 깨달은 답은 '삶의 주인이 되고 싶다면 마음의 중심을 잡아야 한다'는 조금은 뻔한 사실이었다. 하지만 이 깨달음은 나의 삶을 더욱 단단히 움켜쥐게 했고, 가슴속 깊은 곳에서 알 수 없는 뜨거움을 느끼게 했다. 나는 어째서 이토록 평범하기 그지없는 깨달음에 예민하게 반응하게 된 걸까? 이 책에서 나는 단순하지만 그만큼 분명했던 짧은 여정을 고백하고자 한다.

누구나 자기만의 중심을 잡고 아등바등 살아간다. 잘 느껴지지 않겠지만, 그 중심은 보이거나 만져지지 않을 뿐 조용히 우리 곁에 머물러 있다. 나는 손끝에서 펼쳐지는 미세한 감각과 몸과 마음 안에서 일어나는 화학작용에 집중하며, 나의 중심이 삶과 어떻게 연결되어 있는지를 느끼게 되었다. 일과 인간관계 등에서 펼쳐지는 각각의 중심들이 모여 지금, 바로 지금 이 글을 적고 있는 나를 만들어냈다는 사실을 깨닫게 해준 것이다. 그리고 이 단단한 믿음은 세상의 소음으로부터 흔들리지 않는 나만의 중심을 만들어줬다.

중심 잡기는 우리의 삶과 닮았다. 무엇인지도 모른 채, 심지어 이 세상에 존재하는지도 모른 채, 중심이라는 정해지지 않은 도착지를 향해 나아가는 모습이 닮았다. 그리고 그 과정에서 수도 없이 부딪히고 무너지며 좌절하지만 포기하지 않고 삶을 붙들고 나아가는 의지와 끈기, 결국에는 내 삶 속에서 스스로 우뚝 서는 순간까지 말이다.

수없는 방황을 마친 뒤 이제는 조금이나 마음이 편안해졌다고 느껴지는 지금도 여전히 나는 삶의 중심에 대해 고민한다. 내가 서 있는 이곳이 나의 중심이 맞는지, 그 중심을 잘 붙들고 있는지 답을 내는 게 쉽지 않다. 하지만 중심을 잡는 것이 얼마나 중요한지 잘 알기 때문에 포기하지 않는다. 나에게 중심을 잡는 것은 자기계발서에서 말하는 화려한 기술이 아니다. 그것은 끊임없는 자기 탐구이자 내면의 목소리를 듣는 과정이며, 나를 둘러싼 외부의 소음에 휘둘리지 않고 나의 방향을 스스로 정하는 힘이다. 궁극적으로는 내적 세계의 기준을 세우는 일이다.

세상은 늘 우리에게 뜻하지 않은 시련을 준다. 그 시련 속에서 우리는 흔들리고 때로는 넘어질 것이다. 하지만 정말 중요한 것은, 어떠한 시련이 와도 나만의 내적 기준인 중심을 잃지 않아야 한다는 점이다. 그 중심이야말로 우리가 어떤 상황에서도 주인이 될 수 있게 해주는 힘의 원천이기 때문이다. 나는 우리를 부단히도 괴롭히는 그 세상을 혼내주기 위해 오늘도 중심을 잡는다. 나의 작품들을 보며 당신이 조금이나마 인생의 실마리를 찾고 마음이 단단해지길 바라는 마음으로.

차례

시작하며 • 내 삶의 방향을 스스로 결정한다는 것 • 10

돌 하나 • 왜 자꾸만 흔들릴까

고양이는 고양이다운 것을 생각하지 않는다 • 21
산다는 것은 춤을 추는 것 • 29
"아직 마음이 덜 영글었다" • 35
왜, 왜, 왜? 도대체 왜! • 43
나와의 싸움은 오직 나만이 끝낼 수 있다 • 49
세상의 중심을 내려놓자 내 인생의 결말이 궁금해졌다 • 55
돌 쌓기의 정석: 제1강 "가장 평평한 땅을 찾는다" • 60

돌 둘 • 그 무엇도 걸리적거리지 않는 삶에 대하여

마음의 벽은 실체가 없다 • 67
내가 만난 중심의 달인들 • 73
거북이는 자기의 관점으로 산다 • 79
엄마, 어머니, 마더 그리고 중심 • 85
프로와 아마추어 • 91
하늘이 하늘답고 땅이 땅답듯이 • 97
돌 쌓기의 정석: 제2강 "적당한 돌을 고른다" • 104

돌 셋 • 중심을 무너뜨리는 즐거움

무너지기보다는 무너뜨릴 줄 아는 사람 • 111
쌓는 데 2시간, 무너뜨리는 데 2초 • 119

이따위 생각은 하지 않기로 했다 • 125

무너져도 괜찮아 • 131

돌을 세우던 날에 내가 배운 것 • 137

중심을 잡겠다는 집착에 대하여 • 143

돌 쌓기의 정석: 제3강 "서두르지 않고 하나씩 올린다" • 150

돌 넷 • 돌을 쌓으면서 놓아준 것들

오직 모를 뿐인 마음으로 • 157

스스로 멈출 수 있는 인간 • 163

인생의 정말 중요한 고민들은 저절로 목적지에 도착한다 • 169

노가리 대가리 원츄 • 175

만약 지금 내 삶이 가치 없다고 느껴진다면 • 181

질투는 나를 완성하는 조각칼이다 • 187

돌 쌓기의 정석: 제4강 "내가 쌓은 것을 바라본다" • 192

돌 다섯 • 내 손끝을 스쳐 간 수많은 돌들에게

나는 병신이(었)다 • 199

저마다 중심은 다르다 • 205

너의 중심과 나의 중심을 맞춘다는 것 • 211

인간의 중심, 중심의 인간 • 217

Bloody Sword • 223

문명과 자연의 조화 • 229

타인의 말이 자꾸만 내 중심을 무너뜨린다면 • 235

당신의 이름은 무엇인가 • 241

돌 쌓기의 정석: 제5강 "미련 없이 무너뜨린다" • 246

마치며 • 나의 빈 공간은 세상이 채워줄 것이기에 • 250

돌 하나

**왜 자꾸만
흔들릴까**

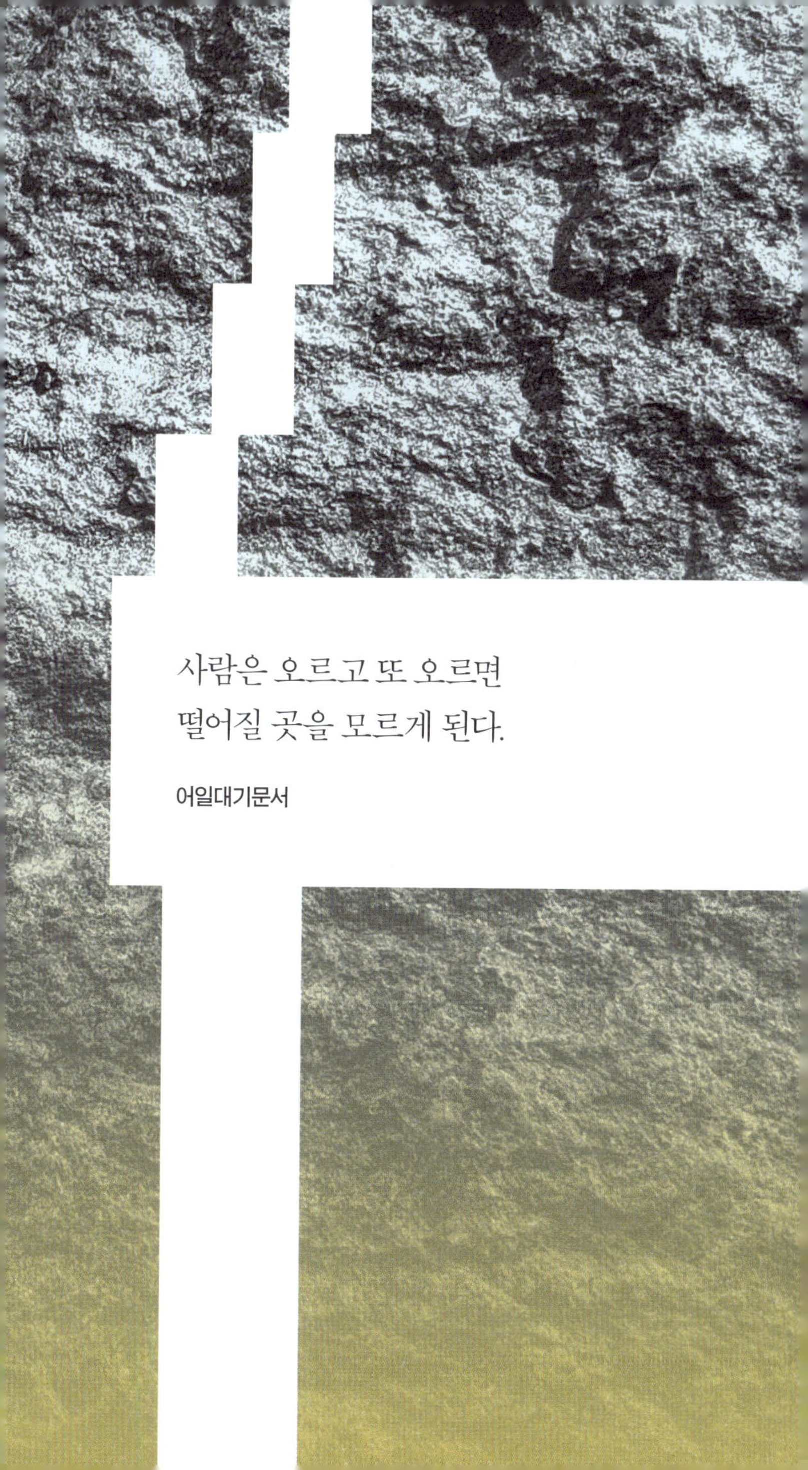

사람은 오르고 또 오르면
떨어질 곳을 모르게 된다.

어일대기문서

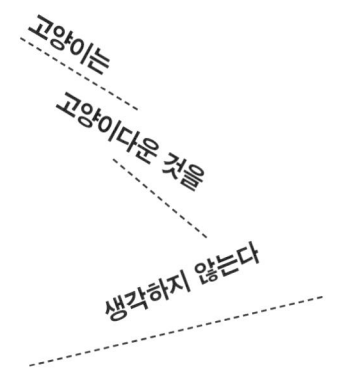

늦은 밤, 소주 한 병을 입에 털어 넣고 터벅터벅 집으로 돌아오는 길이었다. '왜 자꾸만 중심을 잃는 거지?'라는 생각이 나를 계속해서 옭아맸다. 어떻게든 답을 찾아 남은 인생을 잘 살아내고 싶었다. 집에 도착하기 전에 이 빌어먹을 물음에 답을 하고 죽든지 살든지 하겠다고 이를 악 물었다. 하지만 두통만 잔뜩 얻을 뿐 뾰족한 해답은 얻지 못했다. 바로 그때, 쓰레기 더미를 뒤지며 허기를 채우고 있는 고양이 한 마리를 보게 되었다.

평소에 자주 볼 수 있는 광경이었지만, 그날따라 유독 고양이의 모습이 나처럼 느껴졌다. 더 이상 내려갈 곳 없는 바닥에서 어떻게든 버티고 나아가는 고양이를 보니 괜스레 가슴이 먹먹해졌다. 처절한 식사를 다 마친 고양이는 높은 벽 앞에 섰다. 그러곤 너무나 가볍게 점프해 그 벽을 올라서 아주 좁은 길을 따라 우아하게 사라졌다. 녀석은 나의 편협한 생각에 반론이라도 제기하듯이 야음 속에서 야옹거렸다.

"헐!"

방금까지만 해도 측은하고 안타깝기만 했던 고양이가 너무나 우아하고 멋져 보였다. 사뿐히 뛰어올라 그 좁은 길을 가볍게 걸어가는 발걸음이 조금 전 쓰레기 더미를 뒤지던 고양이의 모습과 너무 상반되었기 때문이다. 갑자기 묘하게 마음의 중심이 잡히는 느낌이 들었다. 같은 뜻의 '묘' 자는 아니지만 그래서 고양이를 한자로 '묘'라고 표현하는 걸까? 뭐라고 딱 정의하기는 어렵지만, 처절함 속에서도 '자기다움을 잃지 않는구나'라는 감동이 밀려왔다. 그게 그 순간 얼마나 마음에 힘이 되던지 '왜 자꾸만 중심을 잃는 거지?'라는 생각이 '나다운 것은 무엇일까?'라는 생각으로 변했다.

'나다운 것은 무엇일까?'

누구나 인생에서 방황한 경험이 한 번쯤은 있을 것이다. 나는 어릴 때부터 정말 많이 방황했다. 조금 과하다 싶을 정도로 방황의 쳇바퀴 속에서 헤어나오지 못했다. 이를 악물고 나아가려 해도 자꾸만 몰려오는 고뇌와 시련들은 살아야 할 이유를 하나씩 지워냈다. 굴레에 묶여 옴짝달싹하지 못하는 마소처럼 방황에 종속된 나는 아무리 마음을 잡으려 해도 계속 흔들렸다. 사람이 방황하는 이유야 가지각색이겠지만 대부분은 원하는 대로 삶이 흘러가지 않기 때문이리라.

그럼에도 마음의 중심을 잃지 않으려고 정말 악착같이 살았다. 나의 내적 상태와 외적인 요소, 무엇보다 나의 가정환경에 굴복하고 싶지 않았다. 세상이 주는 시련들이 너무 괘씸해서 절대로 지고 싶지 않았다. 하지만 매번 흔들렸고 중심을 잃고 무너질 때면 정말 큰 좌절감이 들었다. 그때마다 살아야 할 이유보다 죽어야 할 이유를 가슴에 새겼다.

'대체 내가 왜 살아야 하지?'

고양이는 원래 높이 뛰고 몸의 중심을 잘 잡는 동물로 정평이 나 있다. 평소에는 그런 모습이 너무 당연하기 때문에 신기할 것이 전혀 없다. 나는 그런 '자기다움', 누군가 날 보았을 때 너무나도 당연하게 느껴지는 본래의 나의 모습이 무엇일지 생각했다. 며칠을 생각과 씨름하며 나다움에 대해 정의를 내리지 못했다. 그러던 중, 어둠 속의 고양이가 나에게 던진 '야옹'의 의미를 알게 되었다.

고양이는
고양이다운 것에 대해
생각하지 않는다.

태어나길
그렇게 태어났을 뿐.

방황의 굴레가 툭 끊어지는 기분이었다. 문득 '내가 너무 많은 걸 가지고 있었구나'라는 생각이 들었다. 누군가에게 더 잘 보이고 인정받기 위해 나답지 않은 나를 내 안에 쌓아두고 있었다는 사실을 깨닫게 되자, 나다움을 그

럴싸하게 꾸미고 억지로 꿰맞추는 일은 더 이상 하고 싶지 않았다. 그런 나를 과감하게 버리기로 마음먹었다. 비록 쓰레기 더미를 뒤지며 처절하게 식사했지만, 중심만은 잃지 않았던 고양이처럼.

고양이다움을 보며 나이가 들수록 나다움이라는 것을 억지로 만들어낼 필요는 없다는 사실을 알게 되었다. 도덕책에 나올 법한 말이지만, '나는 나다', 어떠한 수식어로도 표현이 안 되는 '그냥 나'인 것이다. 무언가 정의된 어떠한 내가 아닌 그냥 나이면 된다. 붙잡으려고 아무리 용을 써도 잡히지 않던 삶의 중심이 잡히기 시작했다. 그날 이후로 나는 자연스럽게 걷기 시작했고 나답게 생각하며 행동할 수 있게 되었다.

스스로를 정의하지 말자고 다짐했다. '이게 나다', '나여야만 한다'라는 생각들은 자연스러운 생각이지만, 이미 세상이 정해놓은 틀에 나를 꿰맞추는 일일 수 있다는 사실을 간과하지 않기로 했다. 힘들고 지친 삶을 이기고 나아가려 하다 보면 주어진 상황들이 나를 그렇게 만들 수 있다. 억지로 나를 포장하게 하고 계속 덧씌우게 만든다.

그러다 보면 우린 중심을 잃을 수밖에 없다.

중심은 자연스러울 때 바로 서 있다. 억지로 쌓아왔던 내 안에 다양한 나를 하나둘씩 놓아주고, 그냥 나로 존재해야 한다. 어떠한 나도 아닐 때, 비로소 있는 그대로의 나와 중심을 일치시킬 수 있다. 그게 바로 삶의 중심을 잡는 첫 번째 단추다.

산다는 것은
춤을 추는 것

　이제 마흔이 된 지금도 나는 여전히 춤춘다. 나의 인생은 비보잉을 빼면, 절반 이상의 추억이 사라질 정도로 춤과 깊은 인연을 맺어왔다. 힙합의 한 장르인 비보잉은 많은 사람이 알고 있는 춤이다. 나는 중학교 시절부터 이 춤을 추기 시작해 벌써 30년 가까이 비보이로 살아왔다. 처음에는 그저 즐거운 마음에 시작했던 비보잉이지만, 지금까지도 내 인생에서 많은 부분을 차지하고 있다. 무아지경에 이를 때까지 연습하고 공연하며 느끼는 희열이 삶의 원동력이 되기 때문이다.

오랜 시간 비보잉은 내 삶의 중심이었다. 예술의 길을 걷고자 연기도 하고 노래도 불러봤지만, 비보잉만큼 재미있는 일은 없었다. 춤을 출 때는 마음에 걸림이 없었고, 연습한 동작이 성공했을 때의 성취감은 이루 말할 수 없었다. 비보이로서의 내 삶은 꽤 멋졌다.

　그러나 춤출 때의 거침없는 모습과는 달리, 사회로 돌아오면 나는 모든 것에 능숙하지 못한 바보가 되었다. 춤추는 것처럼 인생을 거침없이 살 수 있다면 얼마나 좋을까? 하지만 현실은 그렇지 않았다. 좋아하는 일을 할 때는 모든 것이 자연스럽게 술술 풀렸지만, 그렇지 않을 때는 작은 일조차도 무겁게 느껴졌다. 그리고 그 간극은 시간이 갈수록 점점 더 멀어졌다.

　나는 이 차이가 점점 더 불편하게 느껴졌다. 좋아하는 것만 추구하다 보면 점점 더 좁은 세계에 갇히게 되는 것 같았다. 그래서 문득 춤을 출 때의 나를 돌아보게 되었다. 비보잉에서 느꼈던 자유와 자신감은 어디에서 온 것일까? 그 해답은 내가 오랜 시간 부딪히고 연습해오면서 얻은 자신감과 그 속에서 단단해진 나 자신에 대한 믿음에 있었다. 춤을 통해 나는 나만의 방식으로 삶을 살아가고 있었다. 하지만 그 과정이 결코 쉽지 않았다.

비보잉을 하며 수많은 부상과 슬럼프 그리고 동료들과의 갈등을 겪었지만, 그럼에도 불구하고 춤은 나에게 즐거움이었다. 반면에 사회에서 일할 때는 사소한 것에도 짜증이 나고 화가 났다. 그 이유는 바로 좋아하는 일을 할 때는 모든 어려움이 도전처럼 느껴졌고, 싫어하는 일을 할 때는 작은 문제조차도 큰 부담으로 다가왔기 때문이었다.

그러던 어느 날, 나는 문득 춤이 싫어졌다. 그 이유는 단순했다. 경제적인 문제 때문이었다. 크게 유명해지지 않는 한, 예술가로서 살아간다는 것은 정말 힘든 일이었다. 지칠 대로 지친 나는 결국 비보잉을 떠나기로 결심했다. 더 이상 예술만으로는 살아갈 수 없다는 현실을 받아들였다. 그렇게 30대가 넘은 나이에 예술 활동을 접고 처음으로 회사에 취직했다.

회사의 규칙적인 생활에 적응하는 것은 쉽지 않았다. 하지만 조금씩 내 마음도 안정되고 오히려 춤을 출 때는 느끼지 못했던 여유가 생기기 시작했다. 회사에 다닌 지 1

년 반이 지났을 때, 나는 이전에는 보지 못했던 것들을 보게 되었다. 그것은 다름 아닌 나처럼 매일 일하며 살아가는 사람들의 모습이었다. 예전에는 무대에서 빛나는 예술가들만 멋지다고 생각했던 내가, 이제는 그저 자신의 책임을 다하기 위해 하루하루 살아가는 사람들이 너무나도 멋져 보이기 시작했다. 아니, 정말로 멋졌다. 책임을 다하기 위해 매일 일하기를 반복하는 삶이라니!

좋아하는 일을 해서 성공하면 물론 좋겠지만, 그게 꼭 정답이 아니라는 사실을 알게 된 후부터는 예술에 대한 새로운 관점을 갖게 되었다. 매일매일 세상과 부딪히며 자신만의 길을 찾아가는 것이야말로 진정한 예술이라는 것을 말이다. 아침마다 졸음과 싸워 이겨내는 것, 출퇴근 지옥을 맛보는 것, 죽이 되든 밥이 되든 일을 완성하는 것, 월급 들어오면 걱정 없이 치킨 한 마리를 시킬 수 있는 것, 내가 하는 일에 대해 가끔은 보람을 느끼는 것 등처럼 일상 그 자체가 예술인 것이다.

삶은 그 자체로 예술이며, 우리는 모두 그 무대 위에서 자신의 역할을 다하는 예술가다. 이 깨달음을 얻은 후, 나는 현실과 꿈 사이에서 중심을 잡는 것에 더욱 집중하기 시작했다. 춤을 출 때의 자유와 자신감은 내가 세상과 부딪히는 데 필요한 힘이 되었고, 사회에서의 현실 감각은 나를 더욱 단단하게 만들었다. 비보잉과 현실은 서로 다른 세계처럼 보였지만, 결국 두 세계는 내 삶을 더욱 풍요롭게 만드는 요소들이었다.

산다는 것은 때때로 권태롭고 무겁고 복잡하게 느껴지지만, 그 자체로 예술이다. 우리 삶을 더욱 깊이 있게 만드는 과정이기 때문이다. 하지만 더 중요한 것은 그것이 춤이든 일이든, 얼마나 화려한가가 아니라, 얼마나 진심을 다하고 있는가이다. 그러니 당신도 일상이라는 무대에서 그저 당신답게 춤추길 바란다. 결국, 우리 모두 인생이라는 예술의 한가운데 서 있는 예술가들이니까.

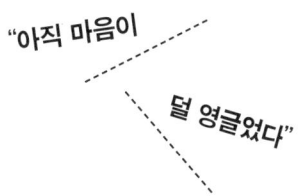

"아직 마음이 덜 영글었다"

 나는 탈영한 적이 있다. 입대한 지 4개월이 지났을 때, 마음에서 이는 답답함을 도저히 견딜 수 없어 탈영을 결심하고 행동으로 옮겼다. 지금 돌아보면 어리석은 선택이었지만, 그때의 나는 그것이 유일한 탈출구라고 생각했다. 사실 입대 전 나는 오랫동안 불교 철학에 심취해 있었다. 어릴 때부터 자연스럽게 절에 다닌 터라 불교의 가르침은 내 삶의 지침이 되었다. 그래서였을까? 20대가 되어 절의 큰스님을 뵙고 난 뒤로, 나의 머릿속은 온통 '나도 큰스님이 되어야지'라는 생각뿐이었다.

당시의 또래들과는 조금 다른 방향성을 가지고 있었기에 삶 자체도 남달랐다. 시간만 나면 절에 가서 기도를 드렸고, 오랜 시간 채식주의자로 살았다. 몸이 절로 더덩실 댄다는 클럽에도 한 번도 가본 적 없고, 연애나 소개팅 같은 '밀당'의 세계는 나와 거리가 멀었다. 오로지 마음속에 자리 잡은 단 하나의 목표는 '빨리 깨달음을 얻고 멋진 스님이 되는 것'이었다.

시간이 흐르며, 나는 어느 순간 내가 세상의 이치를 깨달았다고 굳게 믿었다. 이미 깨달음을 얻은 것처럼 행동했고, 나 자신을 아주 고귀한 존재로 여겼다. 그리고 드디어 때가 되었다고 생각해 출가를 결심했다. 하지만 큰스님은 군대를 먼저 다녀오라고 권하셨다. 병역 미필자였던 나는 스님의 말씀에 따라 군에 입대하게 되었다. 문제는 나의 마음이 이미 '깨달음의 세계'에 깊이 빠진 상태였다는 것이다. 군대라는 현실은 나에게 아무런 의미가 없었다. 지금 생각하면 너무나 미안하고 부끄러운 일이지만, 나는 현실을 무시하고 마치 모든 것을 초월한 존재인 양 행동했다.

이랬던 내가 과연 군대에 잘 적응할 수 있었을까? 나는 모든 상황과 책임을 마음속에서 외면했다. 겉으로는 아무렇지 않은 척했지만, 내면에는 커다란 시한폭탄이 자리 잡고 있었다. 군종병으로 생활하며 부대원들에게 신뢰를 받았지만, 그들의 믿음에 배신으로 응답했다. 주말 종교 활동 중 『반야심경』을 외우던 나는, 종교 활동 시간이 끝나자마자 뛰쳐나가 버렸다. 나의 목표는 오로지 하나, 큰스님을 만나서 이 답답한 마음을 풀어내는 것이었다. 나는 세상의 이치를 깨달았다고 믿었고, 고귀한 존재인 척했지만, 결국엔 가장 무책임하고 무모한 행동을 저지르고야 말았다.

모든 것을 뒤로하고 달려간 절. 겨우 도착했지만, 마음은 혼란스럽고 몸은 지쳐 있었다. 온갖 생각이 머릿속을 헤집고 지나갔다. '큰스님은 나에게 무슨 말씀을 해주실까? 이 답답한 마음을 어떻게 해소해야 할까?' 무언가 해결책을 찾을 수 있을 거란 희망에 사로잡혀 있었다.

절 마당을 지나쳐 큰스님께서 계신 법당 앞에 도착했다. 큰스님을 뵙고 싶다는 요청을 드렸지만 많이 바쁘셨다. 그래도 나는 포기할 수 없었다. 마치 생명줄을 붙잡듯,

그 앞에서 하염없이 애타게 기다렸다. 탈선하고 여기까지 찾아온 나의 상황을 설명하는 데도 진땀이 났고 마음은 더 불안해졌다.

그리고 드디어 큰스님을 어렵게 뵙게 되었다. 심장은 쿵쾅거렸고, 내 머릿속은 온갖 질문과 불만으로 가득 찼다. '스님께서 나에게 어떤 진리의 법문을 내려주실까? 이토록 답답한 마음을 풀어줄 한마디가 있을까?' 하지만 스님은 나를 보시고는 긴 말씀 없이 단호하게 말씀하셨다.

"어서 부대로 돌아가거라."

그 한마디에 모든 기대가 무너졌다. 나는 더 이상 그 자리에 있을 수 없었다. 절망감과 자책감에 휩싸인 채 부대로 복귀했다. 돌아가는 길 내내, 큰스님의 말씀이 머릿속을 떠나지 않았다.

'왜 스님은 나를 이해하지 못하셨을까? 내가 이렇게 절박한데…'

그 후 영창에서 한 달하고도 반 정도의 시간을 보냈다. 군 생활은 끝이 보이지 않았다. 그러던 어느 날, 못난 아들 얼굴 보겠다고 부모님이 면회를 오셨다. 얼굴을 마주할 용기가 없었지만, 어머니의 얼굴에서 깊은 슬픔이 읽혔다.

그날 어머니는 큰스님을 찾아뵙고 오셨다고 하셨다. 나는 기대 반, 두려움 반으로 스님의 말씀을 기다렸다. 그리고 어머니는 조심스럽게 말씀을 전하셨다.

"아직 마음이 덜 영글었다."

그 말씀이 떨어지는 순간, 마치 벼락이라도 맞은 듯 몸이 굳어졌다. 그 짧은 한마디가 내 모든 자부심과 믿음을 와르르 무너뜨렸다. 큰스님의 쓴소리는 나를 뿌리째 흔들어 놓았다. 내가 그동안 무엇을 깨달았다는 것인가? 나의 신념과 깨달음이 얼마나 어리석고 미숙했는지 깨달았다. 내가 정말로 무언가를 깨달았다면, 어찌 이토록 무모한 선택을 했겠는가? 내가 내린 결론은 단 하나였다. 나의 잘못된 깨달음과 자만을 내려놓기로 했다.

그때 내가 확실히 알게 된 한 가지는, 현실을 무시하고 자기만의 세계에 빠지면, 결국 자신은 물론이고 주변 사람들에게도 큰 피해를 주게 된다는 것이었다. 20년 전 탈영했을 때 몸소 배운 이 깨우침은 지금도 내가 무언가를 결심할 때 중요한 지표가 되어준다. 신념과 믿음은 현실에서 실현되지 않으면 아무런 의미가 없다. 고로 신념은 현실 속에서 살아 숨 쉬어야 진정한 가치가 있다. 아무리 고귀한 깨달음이라도, 그것이 현실과 연결되지 않으면 그저 공허한 생각일 뿐이다.

바보 같았던 나를 되돌아보며 나는 오늘도 또 다른 탈영, 아니, 타령을 하고 앉아 있다.

'넌 왜 그래? 왜 이래?'
'난 왜 이러지? 왜 이럴까?'
'왜, 왜, 왜? 도대체 왜!'

지나온 날들을 되돌아보면, 내가 스스로에게 가장 많이 던졌던 질문도, 또 누군가가 내게 던졌던 말도 '왜'였다. 그때마다 나의 진심을 숨기거나 드러내기를 반복했다. 대부분은 '왜'라는 감옥에 갇혀 괴로워했지만 말이다. 그렇다고 이유를 요구하는 물음에 쉽게 답을 찾을 수 있었던 것도 아니었다. 오히려 내 머릿속을 휘젓고 다니며 더 혼란스럽게 만들 뿐이었다.

그런데 어느 순간부터 "왜?"라는 말이 인생에서 사라지기 시작했다. 사람들은 더 이상 "넌 왜 그래?"라고 묻지 않았고, 나 역시 나 자신에게 그 물음을 던지지 않았다. 마치 삶에서 중요한 것이 모두 빠져나간 것처럼, 하루하루가 흘러가는 것만 같았다. "오 마이 갓!" 이상한 공허함이 찾아왔다. 아무런 의문도 들지 않고 그저 일상에 휩쓸려 흘러가던 시간들. 모든 것이 불확실하고 혼란스러웠던 순간들이 지나고 나서야 비로소 그 공허함이 무엇이었는지 알게 되었다. 나는 왜를 잃어버린 상태였다. 나는 왜가 나를 주저앉게 만드는 장애물이라고 생각했지만 지금은 삶의 일부이자 동력이라는 것을 안다.

왜 하늘은 파란 걸까?
왜 세상은 이렇게 돌아가는 걸까?
왜 나는 이 삶을 살고 있을까?

아주 근원적인 질문부터 삶에 대한 이유까지 왜는 모

든 성장의 씨앗이 된다. 그리고 나름의 이유를 정하는 순간 끊임없이 앞으로 나아가게 만드는 힘이 있다. 왜는 기존의 틀을 깨뜨리는 시작점이다. 의문을 품는 순간, 우리는 지금까지 당연하게 여겼던 것들에 의구심을 품게 되고 새로운 길을 모색하게 된다. 그런 의문이 생기는 순간, 변화가 필요한 때가 온 것이다. 하지만 변화의 시작은 고통스럽다. 나에 대한 확신이 흔들리기도 하고 세상에 대한 신뢰가 무너지기 때문이다. 내가 믿고 있던 모든 것이 무너지기 시작하면 삶의 중심도 함께 흔들리기 마련이다.

그렇다고 마냥 흔들리기만 할 수는 없는 일. 나는 더 이상 지금까지의 방식으로는 버티기 힘들다는 것을 알아차렸다. 그동안 굳게 믿고 따라왔던 것들이 이제 나를 지탱해주지 못하는 순간이 온 것이다. 그동안 잘났다고 생각했던 내가, 이제는 어리석게 느껴졌다. 그리고 그 어리석음을 깨닫는 과정은 참으로 고통스러웠다. 무엇이 잘못됐는지, 어디서부터 다시 시작해야 할지 알 수 없었다. 모든 것이 나를 놓아버린 것 같았고, 마치 나도 나를 놓아버린 것 같았다. 그런 혼돈 속에서 나는 무력하게 무너져갔다.

하지만 그 순간, 나를 다시 일으킨 것은 아이러니하게도 또다시 '왜'였다. 왜는 오히려 나를 다시 일으키는 시작점이 되었다. 그 질문에 다시 답을 찾기 위해, 나는 나 자신을 돌아보기 시작했다. 그리고 그때 알았다. 내가 흔들렸던 이유를. 나의 삶이 더 이상 나의 방식으로는 지탱되지 못했던 이유를.

왜는 우리 삶의 필연적인 질문이다. 우리는 끊임없이 자신에게 물음을 던진다. 왜 나는 이런 사람일까? 왜 나는 그 사람처럼 될 수 없을까? 왜 이 세상은 이렇게 돌아가는 걸까? 그런 의문은 우리를 무너뜨릴 수도 있지만, 반대로 다시 일으켜 세울 수 있는 강력한 원동력이기도 하다. 나를 무너뜨렸던 '왜'가 다시금 나를 일으켰던 것처럼, 그 질문은 우리 삶을 새로운 방향으로 나아가게 만든다.

이제 나는 '왜'와 함께 살아가기로 했다. 그것은 더 이상 나를 괴롭히는 질문이 아니라 나를 성장시키는 친구가 되었다. '왜'는 계속 나를 따라다니겠지만, 나는 더 이상 그 질문에 눌리지 않을 것이다. 오히려 나는 그 질문에 맞서고 나만의 이유를 찾아내 다시 일어설 힘으로 삼을 것이다.

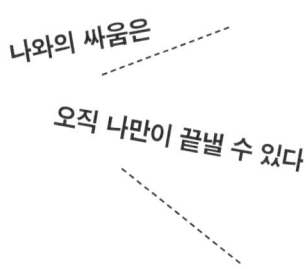

보이지 않는 내면과의 싸움. 치고받고 온갖 부딪힘이 난무해도 그 누구 하나 다치거나 피를 흘리지 않는 다툼. 우리는 한순간도 빠짐없이 자신과의 싸움을 하고 있다. 한때는 시간이 지나면 이 갈등과 부딪힘이 사라질 것이라고 생각했다. 하지만 이 싸움은 끝이 없고 끝날 수 없다는 것을 어느 순간 알게 되었다.

'이 정도면 충분히 다툴 만큼 다퉜어'라고 생각하고 나름대로 마음의 중심이 잘 잡혔다고 믿었다. 그런데 삶이란 한순간도 멈추지 않고 흘러가며, 언제 어디서 어떤 일이 일어날지, 혹은 누군가를 만나게 될지 모르는 것 아닌가. 예상과 다르게 상황이 흘러갈 때면 어김없이 중심은 흔들리고 만다. 세상 속 모든 일은 우리의 의도대로 흘러가지 않으며 그렇게 쉽게 이뤄지지도 않는다.

  삶은 때때로 뒤통수를 세게 후려치곤 한다. 의도치 않았던 상황, 뜻밖의 만남, 예상치 못한 부딪힘은 우리의 중심을 흔들어 놓는다. 그런데도 세상은 그저 묵묵히 아무 말 없이 흘러간다. 아무리 허공을 향해 외치고 탓한다고 한들 결국 돌아오는 것은 아무것도 없다. 자신과의 싸움을 피할 수 없으며, 매 순간 중심과 다투며 살아갈 수밖에 없는 것이다.

  나는 이 지긋지긋한 싸움을 끝내고 싶었다. 끝내려고 무진장 노력했다. 하지만 아무리 중심을 잡으려 해도 어느 순간 다시 흔들리고 고뇌하게 되었다. 그러다 문득 깨달았다. 우리가 다른 사람과 다투고 나면 어느 순간 지쳐서 자연스럽게 싸움을 끝내는 것처럼, 우리 내면과의 싸움도 결국 한쪽에서 내려놓을 때 끝난다는 사실을 말이다. 한쪽이 먼저 내려놓을 때 비로소 해결된다. 내면의 갈등도 마찬가지다. 결국 자신과의 싸움도 먼저 내려놓아야 끝난다.

이것 말고는 다른 방도가 없다. 나의 싸움은 오직 나만이 끝낼 수 있다. 외부에서 일어나는 상황들이 나를 흔들어 대지만, 그 흔들림은 결국 내면에서 일어나는 갈등이다. 우리는 익숙한 상황 속에서는 갈등이 거의 일어나지 않는다. 매일 겪던 일들 속에서는 그저 하던 대로 하면 된다. 하지만 갈등이 발생하는 순간은, 우리가 처음으로 맞닥뜨린 낯선 상황에서다. 그때 내면의 또 다른 나를 마주하게 된다. 새로운 것을 배운다는 것은 곧 새로운 나를 받아들이는 것이다. 새로이 나타난 나를 익숙해지게 하고, 내 것으로 만드는 과정이 필요하다. 낯설고 당황스러워도 결국 그 모습도 나 자신이다.

내면에는 끝을 알 수 없는 바다처럼 수많은 '나'가 존재한다. 그 '나'는 어느 순간 수면 위로 올라온다. 아주 깊은 내면에서 올라온 나 자신이기 때문에 우리는 그 새로운 나를 환영할 필요가 있다. 여기까지 오느라 수고했다고 다독이며 함께 나아갈 준비를 하자. 새롭게 마주한 나 자신을 받아들이는 순간, 우리는 그 새로운 상황들을 헤쳐 나갈 힘을 얻게 된다. 그로 인해 한 발짝 더 나아갈 수 있게 된다.

자신과의 싸움이 끝나는 순간은 결국 기존의 나를 내려놓고 새로운 나를 받아들일 때다. 어찌 보면 그동안의 갈등과 부딪힘은 새로운 내가 세상에 나오기 위한 과정인 것이다. 깊은 내면의 바다에서 올라온 '새로운 나'는 이 세상에서 살아남기 위해 싸워온 것이다.

나는 여전히 중심과 다투고 있다. 나의 내면의 바다는 끝이 없다. 삶은 계속해서 흘러가고 새로운 상황과 사람들을 만나게 된다. 그때마다 내 바다는 일렁이고 또 다른 내가 수면 위로 올라온다. 하지만 이 부딪힘이 싫지 않다. 또다시 찾아오는 다툼은 더욱 멋진 중심의 완성이다. 그래서 오히려 나는 그것을 열렬히 환영한다.

매 순간 중심과 다투고 있다면 내려놓자. 새로운 나를 받아들이고 환영해주자. 그때, 다툼은 끝나고 중심은 바로 선다.

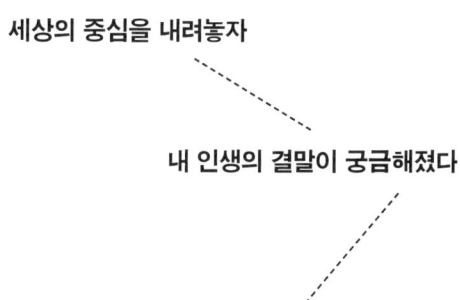

세상의 중심을 내려놓자

내 인생의 결말이 궁금해졌다

 쉬운 길이란 말 그대로 큰 어려움 없이 갈 수 있는 길이다. 누구나 당연히 쉬운 길을 선호하지만, 살다 보면 그마저도 어렵게 느껴질 때가 있다. 피로가 쌓이고 지쳐 있을 때는 밥 한 숟가락을 뜨는 일조차 버겁게 느껴지기도 한다. 익숙한 습관이나 평범한 일상조차 마음의 상태에 따라 무겁고 복잡해질 수 있다.

 결국 마음가짐이 중요하다. 마음이 단단하면 그 어떤 어려운 길도 갈 수 있는 힘이 생긴다. 그래서 나는 늘 어려운 길을 택하려고 노력한다. 마음은 언제나 쉬운 길을 찾기 마련이지만, 내가 스스로 더 강해지려면 어려운 길을 가야 한다는 것을 잘 알고 있다. 편안함을 추구하는 마음이 나를 약하게 만들 수 있기 때문이다.

어려운 길을 선택하는 것이 왜 중요한지, 위대한 운동선수들을 생각해보면 쉽게 알 수 있다. 그들은 매일 자신을 극한으로 밀어붙이고, 그 과정에서 끝없이 스스로와 싸우며 한계를 뛰어넘는다. 그들이 만약 쉬운 길을 택했다면 결코 최고가 될 수 없었을 것이다. 이처럼 우리의 마음도 마찬가지다. 마음은 사소한 틈만 나도 쉬운 길을 찾고, 게으름에 빠지기 쉽다. 그리고 그 틈을 허용하면, 우리의 마음은 점점 약해지고, 작고 사소한 문제에도 금방 무너져 버린다.

밸런싱 아트를 할 때도 마찬가지다. 다양한 사물들을 세워야 할 때, 머릿속에 가장 쉬운 조합이 떠오르곤 한다. 금방 세울 수 있는 돌들이 눈에 들어오면, 그 순간 나는 머릿속을 비우려고 애쓴다. 왜냐하면 머릿속에서 떠오르는 그 쉬운 조합을 따르게 되면, 나는 요령을 피우게 되고, 그 결과는 뻔하기 때문이다. 쉽게 세운 돌은 쉽게 무너진다.

이런 작업에서 나에게 중요한 것은 결과의 완성도가 아니라, 과정에 쏟아부은 내 마음이다. 내가 온 마음을 다해 무언가를 세워본다면, 비록 작은 결실이라도 그것이 얼마나 값지고 의미 있는지 절실히 느낄 수 있다.

그래서 나는 때로는 막연하게 보일지라도 어렵고 불확실한 돌을 선택한다. 어려운 돌을 조합해 중심을 잡으려 할 때, 그 결과는 언제나 새롭고 신선하다. 예상하지 못한 결과가 나올 때가 많고, 그 과정에서 느껴지는 성취감은 단순한 성공의 기쁨을 넘어선다. 그것은 마치 삶에서 얻은 교훈과 같다.

세상은 우리에게 늘 예측하지 못한 시련과 도전을 던진다. 그리고 그 시련을 피하고 싶어질 때가 많다. 그러나 피한다고 해서 문제를 해결할 수는 없다. 그저 과제를 미루는 것에 불과하다. 숙제를 계속 미루다 보면 뒤처지게 되고 결국 도태된다. 세상은 우리에게 절대로 쉽게 내어주지 않는다. 나 역시 이 사실을 깨닫기 전까지는 수없이 세상을 탓했다. 왜 세상은 나를 이렇게 힘들게 만드는 걸까? 왜 나만 이렇게 힘든 길을 가야 하는 걸까?

나는 한때, 삶을 포기하고 싶은 순간도 있었다. 너무나 많은 좌절과 시련이 나를 덮쳐왔기 때문이다. 매 순간이 고통스러웠고, 그 고통 속에서 편안함을 찾고 싶었다. 하지만 나를 그 순간까지 버티게 한 것은 억울함이었다. 지금까지 버텨온 시간이 아까워서, 포기할 수 없었다. 그러다 어느 날, 나는 깨달았다. 세상이 나를 더 강하게 만들기 위해 시련을 던진 것일지도 모른다는 것을. 세상이 나에게 더 버티고 더 나아가라는 채찍질을 하고 있었던 것이다.

중심 잡기 작업도 이와 같다. 온 마음을 다해 돌을 세우는 그 과정에서 나는 예상하지 못한 결과를 마주할 때가 많다. 지금은 그런 결과를 마치 세상이 나에게 준 선물이라고 여긴다. 그래서 나는 작업을 시작하기 전에 머릿속을 비우고, 내가 세상에 맞서 얻은 교훈을 되새긴다. 세상은 내가 원하는 것을 쉽게 내어주지 않았고, 그래서 나는 그저 비우고 무작정 끝이 보이지 않는 길을 걸어왔다. 하지만 그 어려운 길을 걸으면서 나는 점차 강해졌고, 어느새 나만의 길을 찾아가고 있었다.

지금 나는 오히려 세상이 나에게 어떤 선물을 내놓을

지를 기대하고 있다. 열심히 중심을 잡다 보니 이렇게 책을 출판할 수 있는 기회를 얻었다. 이 역시 전혀 예상치 못한 결과였다. 하지만 그것이야말로 어려운 길을 걷는 과정에서 얻게 된 뜻밖의 보상이다. 그래서 나는 여전히 쉬운 길을 택하지 않는다. 뻔한 결말이 보이는 길은 걷고 싶지 않다. 내 삶의 결말은 아직도 알 수 없다. 마치 극장에서 영화를 보며 결말을 기대하듯이 나는 내 인생의 결말을 기대할 뿐이다.

세상은 절대로 쉽게 내어주지 않는다. 그 시련을 이겨내고 나아가려면 우리는 더 어려운 길을 택해야 한다. 온실 속의 화초는 온실 안에서만 자랄 뿐이지만, 거친 환경 속에서 피어난 꽃은 세상 속에서 더 강하게 자라난다. 그 자태와 향기는 스스로 이겨낸 고난의 산물이다. 그런 의미에서 지치고 힘들겠지만 나만 피울 수 있는 꽃을 만개하기 위해 세상이 주는 가뭄과 홍수를 잘 이겨내길 바란다. 도저히 버티기 힘든 순간이 온다면 마구 흔들리며 피워내라. 굳이 어려운 길을 가는 만큼 당신의 꽃은 누구도 피워낼 수 없는 꽃일 테니.

■ 돌 쌓기의 정석 ■

본격적으로 돌을 쌓으려는 초심자를 위한 조언

제1강
바닥

가장 평평한 땅을 찾는다

● 돌을 쌓는 작업은 마치 하나의 꽃과 같습니다. 아무리 아름다운 꽃도 산만한 곳에 피면 눈에 잘 들어오지 않죠. 그래서 시작이 가장 중요합니다. 충분히 평평하고 시야가 확 트인 공간을 찾아야 합니다. 급하다고 아무 곳을 택하지 마세요. 우리가 세워 올린 돌꽃이 자신의 자태를 온전히 뽐낼 수 있는 장소를 찾아야 합니다.

● 우리가 해 나갈 작업은 어디서나 흔히 볼 수 있는 평범한 돌탑을 쌓는 일과는 다릅니다. 까다로운 균형점을 찾는 작업이죠. 그 아슬아슬한 중심 잡기가 더욱 돋보이려면 반듯하게 펼쳐진 바닥이 필수입니다. 사진이나 영상을 찍게 된다면 미학적으로 그 위태로움이 가장 위대하게 드러나 보일 겁니다.

● 이 작업을 시작한 지 그리 오래되지 않았을 땐 마음에 드는 공간이 쉽사리 눈에 들어오지 않았습니다. 수년이 지나며 이 작업에 더욱 공을 들이기 시작하자 '마땅한 공간'이 보이기 시작했죠. 세우고 무너뜨리는 작업을 수없이 반복하면서 이 행위의 시작점인 바닥이라는 것이 얼마나 중요한지 깨달았기 때문입니다. 어느 환경에서든, 어떤 상황에서든 전 매의 눈으로 가장 좋은 바닥을 찾습니다. 새하얀 도화지처럼 평평한 바닥이

눈에 들어오는 순간이 제겐 모든 것의 시작이죠.

● 일단 좋은 장소를 정하고 나면 가장 먼저 이리저리 바닥을 훑고 다닙니다. 돌을 세웠을 때 그 모양새를 가장 돋보이게 만드는 시작점이 어디일지 두리번두리번 한참을 훑어보다 보면 정말 눈에 확 들어오는 공간이 포착됩니다. 그러고 나면 저는 가만히 쪼그려 앉아 땅을 매만지며 앞으로 펼쳐질 쌓기의 과정을 상상합니다. 이렇게 변태적으로 땅을 고르고 나면 비로소 중심 잡기가 시작됩니다.

돌 둘

그 무엇도
걸리적거리지 않는
삶에 대하여

고통이 너를 붙잡고 있는 것이 아니다.
네가 그 고통을 붙잡고 있는 것이다.

석가모니

마음의 벽은 실체가 없다

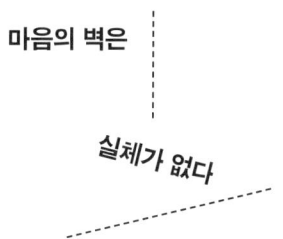

 8년 전, 나는 심각한 슬럼프에 빠져 있었다. 무엇을 해도 잘 풀리지 않았고, 매일 같은 자리를 맴도는 기분이었다. 그때는 나 자신이 어디로 가고 있는지조차 알 수 없었다. 뚜렷한 방향 없이 혼란스러운 나날을 보내던 중, 기분 전환이라도 하자는 가족들의 말에 계곡으로 함께 여행을 떠났다. 오랜만에 가는 여행인지라 바람을 쐬며 조금이나마 머리를 식히고 싶었다.

 계곡에서 신나게 물놀이를 하는데 주변에 있던 돌탑들이 자꾸 눈에 들어왔다. 사람들이 쌓아둔 돌탑들이 내

시선을 계속 끌었고 어느새 나는 그 돌탑들 앞에 서 있었다. 문득 그 돌들을 더 도전적인 형태로 쌓아볼 수 없을까 하는 생각이 들었다. 그리하여 주변에 돌들을 찾다가 삼각형 모양의 돌을 손에 쥐게 되었다. 왠지 나는 그 돌을 역삼각형 형태의 모서리로 세워보고 싶었다.

속으로 '안 되겠지?'라고 생각했지만 이미 나는 돌을 세우려고 손을 바삐 움직였다. 돌을 세우려고 셀 수 없이 시도했지만 계속 실패했다. 그러나 실패할 때마다 더욱 집중했다. 다 같이 놀러 와서 혼자 뭐하냐는 가족의 핀잔에도 아랑곳하지 않고 중심 잡기에 집중했다. 몇 시간이 흘렀을까? 갑자기 한순간에 돌이 바로 서는 느낌이 들었고 난 서서히 손을 뗐다. 아슬아슬하게 서 있는 돌을 보며 정말로 기뻤다.

나는 지금도 불가능을 가능케 했던 그 순간을 잊을 수 없다. 한순간의 호기심으로 시작해 반신반의하며 집중했던 그 시간이 지금의 나를 있게 한 이유이기 때문이다. 그날 나는 스스로 정해놓은 한계, 그것이 완전히 부서지는 경험을 했다. 슬럼프를 겪고 있던 나의 마음에 '안 된다', '못한다'라는 개념이 모두 사라져버렸다.

더운 여름날, 나는 공사 현장에서 일하고 있었다. 철거 작업이 한창이던 그날, 나는 다른 일꾼들과 함께 무너뜨려야 할 건물 한쪽 벽을 바라보고 있었다. 철근과 콘크리트로 튼튼하게 지어진 벽이었는데, 이제는 그 모든 것을 해머로 부수어야 할 차례였다. 그때였다. 한 일꾼이 손에 든 묵직한 해머를 들어 올려 벽을 향해 휘둘렀다. 해머가 벽에 부딪히자 강력한 소리와 함께 콘크리트가 쩍 갈라졌다. 무언가를 생각할 겨를도 없이 그는 해머를 계속 휘둘렀다. 다른 일꾼들도 마찬가지였다. 그들은 아무런 망설임 없이 벽을 부수는 데만 온 집중을 쏟아부었다. 그 장면을 보며 문득 나의 삶을 돌아보게 되었다.

슬럼프를 겪을 때면 삶의 중심이 도무지 잡히지 않고 정체 모를 벽에 부딪혀 제 자리를 맴도는 것 같은 기분이 든다. 그런데 그 벽은 다름 아닌 나 자신이다. 스스로 만들어 놓은 벽에 부딪히는 것인데, 그 벽은 내가 일부러 만들어 놓은 것일 수도 있고 나도 모르는 사이에 만들어진 것일 수도 있다. 그 벽의 특징이 있다면 보이지 않는다는 것이다. 눈에 보이는 벽이 우릴 가로막으면 도구를 사용해 깨부수면 되지만 보이지 않는 벽이 가로막으면 이것을 어떻게 깨야 할지 모르는 것이 당연하다. 여기서 중요한 것은 모르는 것을 알려고 하면 할수록 알 수 없게 된다는 사실이다.

마음의 벽은 실체가 없다. 이 벽을 깨부수려면 우리 스스로가 강력한 해머가 되어야 한다. 해머로 벽을 부술 때 무언가를 생각하지 않는다. 그냥 깨부술 뿐이다. 어떻게 깨부수어야 할지 알 필요가 없다. 그냥 냅다 휘두르는 것이다. 오직 그뿐이다. 슬럼프라고 하는 보이지 않는 마음의 벽을 허문다는 것은 오히려 '에라, 모르겠다' 하고 그냥 행동할 때 깨진다.

그러므로 스스로 고집해왔던 삶의 방식으로 사는 게 힘들어서 어떻게 해야 할지 모르겠다면, 굳이 알려고 해서는 안 된다. 슬럼프는 알고 있는 것을 버리라고 하는 내면의 신호이다. 기존에 추구하던 방식과 틀을 깨고 나아가야 할 시기는 반드시 찾아온다. 나는 그것을 슬럼프라고 생각한다. 달리 말하면 새롭게 나아갈 수 있는 기회다.

나는 그날 처음 돌을 세울 때, 사실 속으로는 불가능하다고 생각했다. 하지만 시간이 흐르며 나는 그 생각을 잊고, 그저 돌을 세우는 데만 몰두했다. 나는 내가 알고 있던 방식을 내려놓고, 모르는 마음으로 그 순간에 충실했다. 그러다 돌이 세워졌고, 나는 내 안의 한계를 깨고 나왔다. 그것이 바로 새로운 출발이었다.

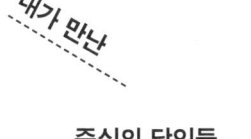

중심의 달인들

중심의 달인, 중심을 매우 잘 잡는 사람. 어머니를 따라 처음 단양의 구인사에 갔을 때, 그곳의 가장 큰 스님을 뵈었던 기억이 아직도 생생하다. 그때 내가 느꼈던 감정은 놀라움, 그 자체였다. 사뿐히 걸어 나오던 걸음걸이, 입가에 맺힌 잔잔한 미소, 그리고 눈빛에서 뿜어져 나오던 강렬한 카리스마는 마치 세상의 혼란과 복잡함 속에서도 흐트러지지 않는 완벽한 균형을 이루고 있었다. 그분은 더 이상 닦을 것이 없는, 그래서 투명하게 빛나는 그릇 같았다. '그분처럼 되고 싶다'는 어릴 적 다짐을 꽤 오랜 시간 품고 살았다.

그러나 시간이 흐르며 내가 꿈꾸던 중심의 달인이라는 게 꼭 종교적인 틀에 갇힌 스님이나 수행자에만 국한된 것이 아니라는 사실을 알게 되었다. 세상을 살아가다 보니 내가 만나게 되는 모든 사람이 각자의 방식으로 중심을 잡으며 살아가고 있었다. 그들은 종교, 성별, 나이, 인종, 국가와 상관없이 오직 자신만의 방식으로 자신의 중심을 갈고닦고 있었다. 그들 모두는 자신에게 주어진 상황 속에서 살아남기 위해, 아니 더 나아가기 위해, 자신의 내면을 연마하는 중심의 달인들이었다.

길을 걷다 보면 세상 곳곳에서 활동 중인 중심의 달인들이 보인다. 시장에서 만난 채소 장수, 버스에서 만난 기사님, 무표정으로 커피를 내리는 바리스타까지. 그들의 삶도 쉽지 않다. 그들도 수많은 어려움과 좌절을 겪으며 이 자리에 섰을 것이다. 하지만 그들은 어떤 형식으로든 중심을 잡고 자신을 유지하며 하루하루를 살아간다. 그들은 어떤 외부적인 평가를 받지 않더라도, 세상에 이름을 남기지 않더라도, 자신만의 소명을 다하고 있는 것이다.

그들의 내면에는 깊은 강인함이 있다. 그들의 눈빛은 고요하고도 깊다. 말 한마디만 들어도 세상을 대하는 그들의 관점을 잘 느낄 수 있다. 그들은 스님처럼 평생을 수행하지 않았고, 현생의 삶을 메우느라 많은 책을 읽을 시간도 없었다. 자신의 현실 속에서 중심을 잡고 살아가는 법을 자연스럽게 터득해 온 것이다. 그리고 그런 날들이 켜켜이 쌓여 그들을 중심의 달인으로 만든 것이다.

어느 날 나는 지하철에서 한 중년 남성을 보았다. 그는 겉모습은 평범했고, 퇴근길의 피로함이 묻어나는 듯했지만, 그의 손엔 두툼한 서류 가방이 들려 있었다. 얼굴에선 피곤함이 역력했지만 눈빛만큼은 흔들림이 없었다. 그 남성에게도 하루의 고단함이 있었을 것이다. 가정에서 그를 기다리는 가족들이 있을 것이고, 그 또한 가족의 생계를 책임지기 위해 매일같이 치열하게 살아가고 있을 것이다. 그 순간 나는 그가 누군가의 아버지로서, 남편으로서, 직장에서 책임을 다하는 직장인으로서 중심을 잡고 있다는 생각이 들었다.

중심의 달인은 우리 주변 어디에나 있다. 부모님, 친구,

직장 동료, 그 누구도 자신만의 방식으로 인생을 헤쳐 나가며 중심을 유지하고 있다. 그들이 겪어온 고난과 시련, 그리고 그 안에서 지켜온 중심은 견고하다. 그들은 실패하고 넘어졌을 때도 다시 일어섰고 외부에서 가해지는 비난과 좌절 속에서도 자신의 중심을 잃지 않았다. 그들은 자신을 갈고닦으며 삶을 살아가는 중심의 달인들이다.

세상은 자주 화려한 성공을 중심으로 평가하지만, 사실은 그 이면에 보이지 않는 중심들이 있다. 눈에 띄지 않는 이들의 중심이 세상을 지탱하고 있다. 마치 우주가 별들만으로 이루어진 것이 아니라, 그 사이를 매우는 어둠 속에서 중심이 유지되는 것처럼 말이다. 세상의 큰 스포트라이트가 비추지 않아도, 묵묵히 자신의 중심을 잡고 살아가는 이들이야말로 진정한 달인들이다.

중심을 잡는다는 것은 결코 쉬운 일이 아니다. 유지하는 것은 그보다 몇 곱절은 더 어려운 일이다. 그러나 가장 어려운 것은 힘들게 찾은 그 중심을 잃었을 때 과감히 손을 놓고 다시 일어서려는 용기다. 시련과 역경, 때로는 의심이 우리의 마음을 흔들리게 한다. 하지만 중요한 것은 흔들림 속에서도 자신만의 방향을 찾고 그 길을 묵묵히 걸어가는 것이다. 중심은 완벽한 상태가 아니라, 끊임없이 조정하고 균형을 잡아가는 과정에서 형성된다. 그리고 그 과정에서 우리는 자신의 중심을 단련해 가며 달인이 되어 간다.

나는 이제 어디서든 중심의 달인들을 본다. 지하철, 버스, 길가, 그리고 식당에서조차 그들이 보인다. 그들의 눈빛은 삶의 무게를 지탱하면서도 흔들리지 않으려는 노력이 담겨 있다. 그들이 짊어진 삶의 무게를 감히 내가 다 이해할 수는 없겠지만, 각자의 자리에서 어떻게든 버티고 있음을 느낀다. 그들은 모두 자신의 책임을 다하기 위해 애쓰고 있다.

내가 만난 중심의 달인들은 다름 아닌 일상에서 매일 마주하는 사람들이다. 그 속엔 높고 낮음도, 잘나고 못남도 존재하지 않는다. 그저 한 인간으로서 중심을 잡아 나아가는 달인들만 있을 뿐이다. 그들이 이 세상을 지탱하는 셈이다.

거북이는 자기의 관점으로 산다

 '세상에서 가장 느린 동물은?'이라고 했을 때, 가장 먼저 떠오르는 동물인 거북이. 그런데 나는 어느 순간부터 거북이가 느리다는 생각을 하지 않게 되었다. 우연한 계기로 '거북이는 그저 자신답게 걸어가고 있구나'라고 생각하기 시작했는데, 그것은 바로 세상을 바라보는 나의 관점이 변한 시기부터였다.

 나는 항상 정제된 생각을 나에게 강요하며 살아왔다. 나 자신을 바라보거나 타인을 볼 때, '왜 저렇게 행동하지?' 혹은 '왜 저럴까?'라는 생각을 많이 했다. 마치 내가 생각한 틀이 모두가 따라야만 하는 정답인 것처럼. 먹는 것, 걷는 것, 말하는 것부터 작은 행동 하나하나까지 나와 다른 모든 것들에 대해 반감과 의문심이 들었다. 그건 다른 것에 대해 이해하려 하지 않고 오로지 나의 기준으로만 상대방을 판단했기 때문이다.

이해의 시작은 상대방을 있는 그대로 볼 때 가능하다. 나는 언제나 세상을 나의 기준으로 보고 듣고 느끼며 판단했다. 하지만 그로 인해 다수의 타인과 갈등이 심해지면서 분명 나에게도 문제가 있다고 직감하게 되었다. 그 문제를 해결하기 위해서 고민하다 보니 내가 너무 자기중심적이었다는 것을 알게 되었다. 사람이 자기중심적이 되는 것은 매우 쉽다. 그저 내가 옳거나 맞다고 생각하면 된다. 자기중심에서 나와 세상의 중심이 되는 것이 매우 어려운 일이였지만, 나의 기준을 버리려고 노력했다.

수일이 지나 한적한 날, 동물원에 가서 아주 큰 땅거북을 운명처럼 마주했다. 나도 모르게 진짜 느리다고 생각이 올라오는 순간, 그 생각에 강한 거부감이 들었다. 동시에 '내가 무엇이건대 거북이의 느림과 빠름을 판단하는 것인가'라는 생각이 들었다. 거북이는 나를 보고 자기보다 빠르다고 생각할까. 거북이의 세계에서 거북이는 자신이 느리다고 생각할까. 직접 문답할 수는 없기에 거북이의 생각을 알 수는 없었지만, 생각의 결이 그렇게 흐르면서 나의 관점은 이미 크게 변화하고 있었다.

거북이는 거북이다울 뿐
느린 것이 아니다.

내가 거북이를 느리다고
단정 짓는 것이다.

우리 모두에겐 각자의 기준이 있다. 우리 각자가 세상을 바라볼 때 느끼는 감정들은 천차만별이다. 같은 상황과 만남 속에 그 순간이 누군가에겐 너무 느릴 수도, 또 누군가에겐 너무 빠를 수도 있다. 그렇다면 그 순간의 답은 과연 느리다고 해야 하나 빠르다고 해야 하나. 그것의 답은 우리 자신인 것이다. 거북이가 느리고 빠른 것은 사실 거북이 스스로가 판단하는 것이지 제3자가 함부로 판단할 것이 아니다.

거북이는 거북이답게, 토끼는 토끼답게, 나는 나답게 모두 각자의 관점이 있는 것이다. 우리는 그 다양성을 인정해야 한다. 그러기 위해서 우린 자기만의 중심에서 벗어나 세상에서의 중심을 바로 잡기 위해 노력해야 한다. 그것이 한번 잡은 삶의 중심을 잘 유지하는 비결이다.

나는 요즘에 스스로 답을 정해놓는 습관을 내려놓고 내가 내린 답에 빠지지 않기 위해 노력한다. 오직 비어 있는 마음으로 세상 모든 존재들을 보려고 한다. 나의 관점을 버리고 그들의 관점을 보려고 노력한다. 중심 잡기 작업을 할 때와 같이 오로지 그 순간에 충실하며 순간을 있는 그대로 보고 듣고 느끼려 한다.

나의 중심에 깊이 빠져 있을 때의 나는 거북이를 보며 '왜 이렇게 느리지?'라고 생각했다. 하지만 이런 중심에서 빠져나오자 새로운 인간관계의 과정과 성과를 경험하게 되었다. 그 누구를 만나더라도 섣불리 판단하지 않게 된 것이다. 만약 정제된 생각을 강요하는 태도를 고집했다면 새로운 세계를 만나지 못했을 것이다.

거북이를 볼 때마다 나의 변화된 시선이 새삼 새롭다. 예전에는 거북이를 보며 '왜 이렇게 느리지?'라고 생각했지만, 이제는 그저 거북이가 그 자체로 존재함을 바라본다. 그리고 거북이를 어설프게 판단했던 나를 되돌아본다. 우리는 타인을 판단하는 대신, 있는 그대로의 모습을 인정하고 존중해야 한다. 거북이는 우리가 보기엔 느려 보일지 몰라도, 자신에게는 때론 느리고, 때론 빠르게 걸어가는 중일 것이다. 그 기준을 정하고 답을 내리는 것은 우리 자신이 아니라, 바로 그 순간을 살아가는 존재의 몫이다.

거북이는 자기의 관점으로 산다. 그 누구도 당신의 삶을 판단할 수 없는 것처럼.

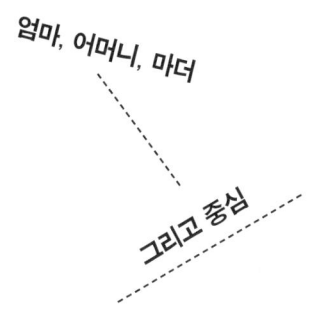

어릴 적 늘 찾고 부르던 이름 엄마. 나이 먹으며 철이 들어 부르는 이름 어머니. 국제화 시대에 맞춰 영어로는 마더. 그 존재는 나에게 정말 큰 이름이다. 그녀와의 첫 인연은 나를 낳는 것으로 시작되어, 내가 어릴 때는 나를 무조건으로 키워줬고, 또한 내가 성인이 되어 나이가 들어서도 삶의 중심이 되어줬다. 마치 모든 것을 내어주는 자연처럼 어머니는 내게 늘 한결같은 존재다. 어머니가 계시지 않았다면, 나는 지금 여기까지 오기가 훨씬 더 힘들었을 것이다.

나는 내 마음이 가는 대로 살았다. 스스로 무언가를

깨달았다며 스님이 되겠다고 생난리를 쳤고, 군대에 가서는 탈영이라는 대형 사고를 쳤다. 전역 후에는 몸 여기저기에 문신하고 예술로 세상을 바꾸겠다고 호기를 부렸다. 이런 나를 보고 삿대질해댄 사람이 한 트럭이다. 하지만 오랜 시간 나를 있는 그대로 바라봐 준 사람은 어머니였다. 이런 어머니를 떠올릴 때마다 마음 한구석이 저릿하다. 살면서 누군가 한 명이라도 나를 있는 그대로 바라봐 준다는 것은 정말 어마어마한 일이다. 내가 무슨 짓을 해도 말없이 지켜봐 주는 그런 존재는 흔치 않다. 그 역할이 어머니일 수도 있고, 아버지, 친구, 혹은 동료일 수도 있겠지만, 나에게 그 존재는 엄마였다.

인간은 혼자 살 수 없기에 분명한 의지처가 필요하다. 처음부터 나 혼자서 중심을 잘 잡고 사는 사람은 없다. 나에게 삶의 영향을 주고 힘이 되어주는 존재가 반드시 나타나기 마련이다. 어린 시절에는 그 소중함을 잘 알지 못했다. 내가 잘나서 내 힘으로 잘 살아가고 있다고 생각했었다. 그러나 삶이 나락으로 떨어지고 힘들어질수록 내 옆에서 늘 함께해준 존재가 얼마나 고마운지를 알게 되었다. 그들이 우리 곁에 있는 것이 당연하다고 여길 수 있지만,

그들도 자신만의 힘겨운 삶을 견뎌내고 있다는 사실을 알아야 한다. 그들이 우리에게 힘이 되어 준다는 것은 그들 스스로 우리를 위해 더욱 인내하며 자신을 단련해왔다는 뜻이다.

나는 주변 사람들로부터 '해피 바이러스'라는 별명을 들을 정도로 밝은 사람이다. 하지만 나는 남들 앞에서 나의 이야기를 꺼내는 것을 그리 좋아하지 않는다. 내가 가진 내면의 고통을 이야기하면 분위기가 무거워지는 게 싫어서 속으로 삭이며 살았다. 한때는 내 고통을 거리낌 없이 드러낸 적도 있었는데 그때마다 주변 사람들이 하나둘씩 떠났다. 나를 어려워하고 피하는 이들이 많았기 때문이다. '이게 난데, 뭐 어쩌라고'라는 마음이 컸던 시절이었다. 하지만 그런 태도로 살면 혼자 남게 된다는 것을 몸소 느낀 후, 나는 조금씩 변했다. 나의 세상이 아닌, 우리 모두의 세상에서 함께 살아가는 법을 배우기 시작했다. 그렇게 내 안의 어두움을 감추고 살다 보니 주변에 사람들이 다시 하나둘씩 늘어났다.

어느 날 한 친구가 내게 이렇게 말했다. "형은 나에게 정말 큰 힘이 돼." 그 말을 듣는 순간, 나도 모르게 어머니 얼굴이 떠올랐다. 그리고 가슴이 찡해졌다. 나 역시 누군가에게 힘이 되어 주고 있다는 사실에 마음이 무척이나 고무되었고, 동시에 어머니가 지금까지 얼마나 많은 것을 참고 인내해 오셨는지 깨닫게 됐다. 어린아이도 아니고 마흔이나 먹은 내가 이런 말을 떠올린다는 것이 누군가는 궁상떤다고 생각할지도 모른다. 하지만 이 말은 나에게 매우 특별한 의미가 있다. 이 단순한 문장이 내 삶의 원동력이자 세상을 살아가는 힘이 되기 때문이다. 무엇보다 내가 이 말을 전하고 싶은 사람은 어머니다. 시간이 지날수록 어머니가 얼마나 소중한지, 어머니의 사랑이 얼마나 컸는지 자주 생각하게 된다.

어머니는 정말 많은 것을 포기하고 희생하며 살았다. 어린 시절의 나는 그 희생을 알아차리지 못했지만 이제는 조금씩 보인다. 어릴 적 나는 그저 부모라면 당연히 해야 하는 일인 줄 알았다. 하지만 나이가 들고 나서야 비로소 깨달았다. 어머니가 보여줬던 모든 것이 얼마나 큰 사랑이었는지, 그 사랑을 지켜내는 것이 얼마나 어려운 일이었는지를.

어머니가 내게 가르쳐 준 것은 크게 말하지 않아도, 큰 몸짓을 하지 않아도 그 자리에 묵묵히 있는 것만으로도 충분하다는 것이다. 세상이 어떻게 변하든, 내가 흔들리든, 그 중심을 잃지 않는 것이 중요하다는 것을 이제는 안다. 이제 나도 그 가르침을 따라 흔들리지 않는 중심을 지키며 살아가려 한다. 나의 삶 속에서 내가 만들어가는 밸런싱 아트로 누군가에게 그런 중심이 되어 주고 싶다.

어머니가 보여준 묵묵함과 인내를 이제 나도 배우고 실천할 것이다. 세상은 늘 흔들리고 나도 그 속에서 흔들리지만, 그럴 때마다 나는 어머니가 내게 해줬던 것처럼 나 자신을 지탱할 것이다. 그리고 흔들리지 않는 중심이 되어, 나 또한 누군가에게 안정감을 주는 존재가 될 것이다.

나도 어머니처럼 살고 싶다.

프로와

아마추어

심장이 쫄깃해진다. 마치 언제 어떻게 될지 모르는 급박한 상황 속의 액션영화처럼. 나는 요즘 역설적이게도 심장이 뛰는 순간이야말로 내가 가장 안정감을 느끼는 상태라는 것을 알았다. 예전에는 마흔이 되면 안정과 평화가 자연스레 찾아올 줄 알았다. 내가 원하는 대로 인생이 흘러가고, 모든 것이 차분히 정리될 줄로만 알았는데, 오히려 그 반대였다. 차분하고 평온한 삶을 기대했던 내가, 정작 새로운 도전을 추구하며 두근두근한 삶을 자꾸만 꿈꾸게 된 것이다.

사실 마흔이 되면 더 이상 도전이나 새로운 일이 필요 없을 줄 알았다. 대신 익숙함 속에서 편안함을 느끼고, 반복된 삶 속에서 안정을 찾을 거라고 생각했다. 그런데 정작 마흔이 되니, 그런 안정감보다는 도전하고 싶은 마음이 커졌다. 늘 하던 대로 익숙하게 반복되는 일상에서 오히려 지루함과 답답함을 느꼈다. 심장이 뛸 때, 새로움을 추구할 때 비로소 내가 중심을 잘 유지하고 있다는 느낌이 들었다.

그렇다고 두려운 마음이 없었던 건 아니다. 익숙함을 벗어나 새로운 길을 걷는 일은 아무것도 보지 못하는 채로 걷는 것이니까. 하지만 신기하게도, 그 두려움 속에서도 묘한 안정감이 찾아온다. 심장이 쫄깃해지는 도전 속에서 오히려 내가 안정되고 있다는 것을 느낀다. 잘 중심을 잡고 있다는 것이 바로 이런 순간이었다. 흔들리지만 도전하고, 무너질 것 같지만 다시 일어서는 그 과정에서 나의 중심은 더 단단해졌다.

나는 중심 잡기 작업을 할 때의 스릴을 잘 느낀다. 중심이 잡힐 듯 말 듯 아슬아슬하게 흔들리면 심장이 쫄깃하다 못해 멋는 느낌마저 든다. 특히 정말 오랜 시간 공들여 돌탑이 거의 완성될 것 같은 순간엔 숨조차 쉬지 않는다. 하지만 그렇다고 성공하느냐, 그것도 아니다. 몇 시간을 한자리에 붙들고 있었는데, 완성 직전에 무너지는 경우가 수두룩하다. 내가 늘 잘 세운 밸런싱 아트 사진을 남기기 때문에 실패의 순간이 잘 드러나지 않았을 뿐이다.

밸런싱 아트를 시작한 지 얼마 지나지 않았을 때는 중심을 잡지 못할 때마다 느끼는 허무함이 크게 다가왔다. 뭐랄까, 더 빨리 세우고 싶은 마음이 앞섰다고 해야 할까? 하지만 완성했을 때의 짜릿함보다 나의 중심 잡기 작업을 많은 사람과 공유하는 게 더 중요하다고 마음을 고쳐먹었다. 혼자 방구석에 틀어박혀 나 좋자고 시작한 일이라면 '에라, 모르겠다'라고 했겠지만, 하나의 중심을 잡으면서 느끼는 감정과 과정을 타인과 나누고 싶었기 때문이다. 중심을 잡는 것만큼이나 중심을 유지하는 것도 중요하기에.

만약 이 세상에 혼자 존재한다면 우리는 과연 무언가를 향해 도전하려 했을까? 혹은 나아가려고 애썼을까? 각자 다르겠지만, 나는 굳이 그러지 않았을 것 같다. 내가 이 순간 글을 쓰는 이유도 이 글을 읽는 독자가 있기 때문이다. 나의 생각과 경험을 그분들을 생각하며 열심히 써 내려가고 있는 것이다.

나 자신만을 위해 무언가를 이루고자 할 때는 하나의 놀이처럼 마음껏 즐기면 된다. 그 결과가 어떻게 되든 크게 상관이 없다. 하지만 내가 하는 행위가 누군가에게 영향을 끼치고, 누군가와 나누고자 한다면 그것은 단순히 혼자만의 놀이가 아닌 모두의 놀이가 되어야 한다. 나는 이 생각을 하기 시작한 순간부터 중심 잡기 작업에 대한 태도가 달라졌다. 처음에는 나의 심장이 쫄깃해지는 짜릿함을 즐겼다면, 이제 모두의 심장을 쫄깃하게 만들고 싶어졌기 때문이다.

우리는 흔히 프로와 아마추어라는 말을 많이 쓴다. '모두와 함께 나누고 싶다'라는 생각은 나를 밸런싱 아트 프로의 길로 들어서게 했다. 그 이후 가장 큰 차이가 있다면, 완성하고자 했던 작업이 얼마나 걸리든, 얼마나 무너지든 어떻게든 해낸다는 것이다. 그래야 나를 보는 사람들과 내가 하는 작업에 대해 나눌 수 있는 자격이 생기고, 무엇보다 이 일을 유지해야 할 이유가 확고해지기 때문이다.

사람들은 왜 위태로운 순간에도, 안정되게 머무르는 것을 마다하고 새로워지길 원할까? 될지 안 될지도 모르는 무언가를 향해 도전할까? 그 이유는 바로 삶의 프로이기 때문이다. 가족을 위해, 친구를 위해, 직장을 위해, 그 누군가를 위해, 삶을 움켜쥐고 나아가는 진정한 프로들. 그 도전이 나를 위한 길임을 알기에 멈출 수 없는 것이다. 예측할 수 없는 상황에서 두려움과 설렘이 교차할 때, 오히려 중심은 더 단단히 잡힌다. 그러니 이제 더는 도전을 두려워하지 말자. 안정감은 그 도전 속에서 피어나는 것이기 때문이다.

오늘도 나는 다양한 사물의 조화를 꾀하려고 눈에 보이는 사물을 이리저리 매만진다. 그리고 그때마다 안정은 평온한 길을 걸어갈 때가 아니라, 심장이 뛰는 순간에 더 크게 찾아오는 것이라고 되새긴다. 당신의 심장도 함께 뛰기를 바라면서.

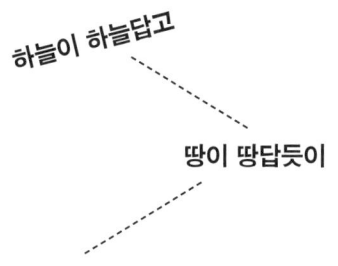

주말 아침, 집 근처 카페에 앉아 아메리카노를 한 모금 마셨다. 사람들의 발걸음 소리와 잔잔한 음악이 섞인 이곳에서, 나는 잠시 생각에 잠겼다. 요즘 들어 삶에 대해, 그리고 나 자신에 대해 자주 생각하게 된다. 마흔이 되면 무언가 있을 줄 알았는데, 오히려 나이가 들수록, 내가 정말로 원하는 것이 무엇인지, 나다운 것이 무엇인지 고민하게 된다. 이 아메리카노처럼 내 삶도 깔끔했으면 좋겠다는 바람도 든다.

갖가지 상념이 꼬리에 꼬리를 물다 보니, 자연스럽게

'중심'이라는 단어가 떠올랐다. 중심은 늘 그 자체로 존재하는데, 나는 왜 그 중심을 자꾸 지키려 애쓰는 걸까? 애쓸 필요가 없다는 걸 잘 알면서도 왜 이렇게 어려운 것일까? 사춘기에 끝났어야 할 열병이 다시 도진 건지 중심에 대한 나의 갈망은 멈추지를 않았다.

    나는 꾸며지지 않은 있는 그대로의 것, '자체自體'라는 말을 참 좋아한다. 모든 존재는 본연의 모습을 가지고 있고, 그 모습에 충실할 때 가장 아름답다고 생각한다. 아마도 이런 생각은 이곳, 카페에서 혼자 있는 시간이 주는 여유 때문일지도 모른다. 하지만 확실한 것은 이 세상의 존재하는 것 중에 대부분은, 그 자체로 충실할 때 진정한 아름다움이 드러난다.

    커피를 한 모금 더 마시고, 창밖을 내다봤다. 바람에 흔들리는 나무와 그 위로 펼쳐진 하늘을 보니, 자연이 얼마나 완벽한지를 새삼 느끼게 된다. 하늘은 하늘답게, 땅은 땅답게 존재한다. 하늘은 자신이 부여받은 본연의 모습으로 맑고 푸르며, 때로는 흐리고 어두컴컴하다. 땅은 온 세상의 모든 무게를 떠받들며 우리가 살아갈 터전을 제공

한다. 자연은 그 자체로 완벽하다. 자신에게 부여된 본연의 모습을 잃지 않는다. 그런데 나는 왜 자꾸만 나 자신을 지키려고 애쓰는 걸까?

내가 지금껏 살며 만난 사람들을 떠올렸다. 어떤 사람은 자기 본연의 모습을 그대로 드러내며 살아간다. 그들은 꾸미지 않고, 있는 그대로의 자신으로 산다. 그래서 그런 모습을 보면 참 좋다. 반면에 어떤 사람들은 자신을 지키기 위해 애쓰고 노력한다. 오히려 그런 모습이 더 힘들어 보일 때가 있다. 물론 나도 그런 적이 있었다. 자꾸만 흔들리고, 내 중심을 지키려 애쓰면서도 더 불안해지는 순간들이 있었다. 하지만 자연이 내뿜는 그 자체의 모습을 보며 내가 살아온 방식이 얼마나 부자연스러운지 알게 되었다.

나는 자연을 존경한다. 자연은 나에게 가장 큰 스승이다. 예전에는 자연이 왜 그렇게 위대한지 잘 몰랐지만, 시간이 지나면서 자연이 주는 가르침을 깨닫게 되었다. 자연 없이는 우리는 존재할 수 없다. 우리가 살아가는 데 필요한 모든 것은 자연에서 온다. 자연은 우리를 감싸 안아주고, 조건 없이 내어준다. 마치 이 카페에 있는 나에게 아침의 여유를 내어주듯이 말이다. 나무를 아무리 베어내도 나무는 화내지 않고, 호수에 돌을 던져도 물은 그 돌을 조용히 받아들인다. 자연은 자기를 지키려 하지 않으면서도 스스로 중심을 유지한다. 자연은 그저 그 자체로 존재할 뿐이다.

반면에 우리는 작은 충격에도 쉽게 흔들린다. 상처받고, 겉돌고, 중심을 잃기 쉽다. 그것은 우리가 중심을 지키려 할 때 오히려 더 흔들리기 때문이다. 내가 만들어온 나의 세계, 나의 중심을 지키려 할수록 그것은 더 쉽게 무너진다. 왜냐하면 이 세상에는 나와 전혀 다른 중심을 가진 사람들로 가득 차 있기 때문이다. 그들과 마주할 때, 나는 나의 것을 지키려 하지만 그럴수록 오히려 더 흔들린다.

남은 커피를 비우고 다시 창밖을 봤다. 자연은 다르다. 나무의 중심은 그 자체로서 나무다. 바다의 중심은 그 자체로서 바다이고, 하늘의 중심은 그 자체로서 하늘이다. 자연의 모든 존재는 그 본질에 충실하며 그 자체로 중심을 가지고 있다. 그들은 그 본질을 굳이 지키려고 하지 않는다.

그런데 나는 왜

그 자체로 존재하지 못할까?

도대체 왜 타인의 척도에서

존재의 이유를 찾는 것일까?

　우리는 그 누구보다 나 자신을 알아야 한다. 스스로를 알기도 전에 지키려 하면, 그 중심은 쉽게 무너질 수밖에 없다. 중심이 무너지려는 징조가 느껴지면, 그 무너짐을 막으려 해서는 안 된다. 그대로 내버려 두어야 한다. 오히려 무너짐을 받아들일 때, 우리는 무너지지 않는, 아니 더 이상 무너질 것 없는 중심을 찾을 수 있다. 그때야 비로소 우리는 무대 위의 예술가처럼, 삶이라는 무대의 주인공이 될 수 있다. 그 주인공은 꾸미지 않아도, 자신을 지키려 애쓰지 않아도 자연스럽게 빛난다.

　그러니 나 자신 그 자체로 존재하자. 중심은 내가 꾸미거나 지키려는 것이 아니라 그저 내 안에 있는 본래의 나와 일치하는 것이다. 자연처럼 걸림 없이 나를 내어주고, 어떠한 조건 없이 세상과 마주할 수 있는 그런 중심이야말로 지금 이 순간 지켜야 할 것이다. 결국 중심은 늘 그 자체로 존재한다. 꾸미지 않아도, 지키려 애쓰지 않아도, 자연스럽게 우리 안에 있다. 본연의 모습에 충실할 때, 비로소 중심은 흔들리지 않고 그 자체로 존재할 수 있다. 하늘이 하늘답고, 땅이 땅답듯이.

■ 돌 쌓기의 정석 ■

본격적으로 돌을 쌓으려는 초심자를 위한 조언

제2강
돌

적당한 돌을 고른다

● 전 절대로 아무 돌이나 막 가져다 세우지 않습니다. 그것은 뭐랄까, 배가 고파 음식점을 찾고 있는데 온갖 메뉴를 다 섞어 파는 가게보다는 한 가지 메뉴를 제대로 만들어 파는 가게가 더 끌리는 것과 같은 이치입니다. 아무 돌이나 집지 마십시오. 이 돌, 저 돌 대충 가져다 섞어 내놓으면 적당한 맛은 나오겠지만 정말 훌륭한 맛은 우러나오지 않습니다. 돌을 고르는 데 충분한 시간을 들일 것을 조언하고 싶습니다. 오로지 하나의 감칠맛을 탄생시키기 위해 고르고 고른 재료들을 갖고 혼신의 힘을 모아 우려낼 때 비로소 하나의 작품이 탄생하듯 말이죠.

● 머릿속을 빠르게 회전시켜 돌의 조합을 끼워 맞춰 봅니다. 돌들이 맞물려 결합이 될 모습을 상상하며 저만의 그림을 그립니다. 상상 속 그림의 모습이 별로라면 다른 형태와 순서로 조합을 결합합니다. 어떨 때는 이 작업만으로도 몇 시간이 금세 흘러가 버립니다. 하지만 이 시간을 소홀히 여겨선 안 됩니다.

● 이렇게 어떤 그림이 그려질 것인지 상상하고 나면, 그 그림에 가장 근접한 돌을 찾기 시작합니다. 돌의 색감을 천천히 관찰하고 불규칙하게 만들어진 저마다의

형태를 뜯어보며 돌을 직접 들어 올려 무게를 가늠합니다. 단순히 눈으로 보는 것이 아니라, 돌을 느끼는 것이 중요합니다. 작은 돌기 하나, 틈 하나로 인해 중심을 잡는 길의 방향이 변할 수 있기 때문에 정말 세심하게 돌을 고르고 또 골라야 하죠.

● 이 또한 앞서의 첫 번째 단계였던 평평한 바닥을 찾을 때와 같이 지극히 변태적인 행위라고 말할 수 있습니다. 아마 고개를 숙이고 유심히 돌을 고르는 제 모습을 누군가 목격한다면 돌과 사랑에 빠진 미친 사람이라고 여길 것이 분명합니다. 실제로 그 말도 맞습니다. 연인의 눈빛과 표정에 깊이 빠져들어 있는 바보처럼 보이곤 하니까요. 전 늘 이러한 심정으로 돌을 고릅니다.

돌
셋

중심을
무너뜨리는
즐거움

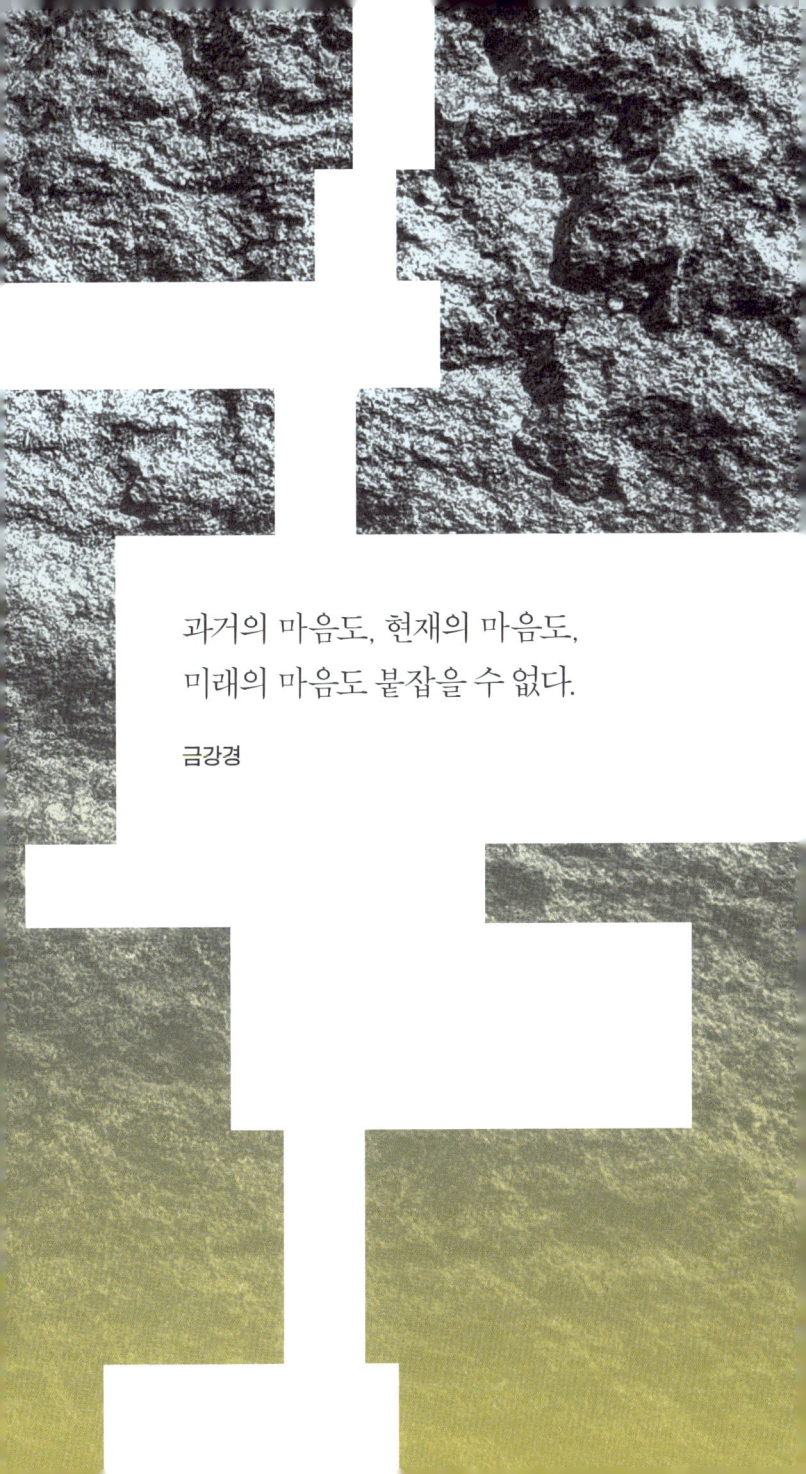

과거의 마음도, 현재의 마음도,
미래의 마음도 붙잡을 수 없다.

금강경

나는 밸런싱 아트를 한 뒤에 그것들을 미련 없이 무너뜨린다. 처음에는 작품이 스스로 무너질 때마다 어쩔 줄 몰랐다. 그 풋내기 시절을 생각하면 내 손으로 직접 작품을 무너뜨린다는 게 어떤 의미인지 조금이나마 이해할 수 있을 것이다. 이제는 작품을 다시 무너뜨릴 때면, 나보다 주변 사람들이 더 안타깝게 생각한다. 서로의 역할이 전도되었으니 참 재미있는 현상이다.

흔히 마음에 아무런 걸림이 없이 기쁠 때 즐겁다고 이야기한다. 수없이 많은 종류의 즐거움이 존재하며 똑같은 상황 속에서도 각자가 지닌 세계관에 따라 즐거울 수도 있고 불행할 수도 있다. 즐거움은 그만큼 주관적인 느낌이기에 그 기준에 대해 딱히 정해진 답이 없다. 놀이동산에 떡하니 자리 잡은 롤러코스터를 보라. 누군가는 보기만 해도 공포에 질려 손사래를 치지만, 다른 누군가는 환호성을 지르며 그 긴 대기 줄에 서서 기다린다. 각자의 즐거움이 존재하는 것이다.

수시간에 걸쳐 중심 잡기 작업을 완성한 뒤 그것을 다시 무너뜨리려고 할 때의 기분을 아는가? 집중에 집중을 거듭하여 몇 번이고 실패하며 정말 힘겹게 쌓아 올렸기 때문에 가끔은 접착제로 붙여 계속 소장하고 싶다는 생각도 했다. 사진으로 보는 것보다 몇 배는 더 강렬한 힘이 있기 때문에 더욱 미련이 남았던 것 같다. 그런데 완성된 형태 그대로를 무너지지 않게 잘 붙여서 보관하면 그것이 무슨 의미가 있을까?

밸런싱 아트의 매력은 힘겹게 쌓아 올린 중심의 완성이다. 사물과 사물을 접착제로 고정해 버리면 밸런싱 아트로서의 가치가 없다. 잘 붙일 수 있다는 것은 세우는 일이 필요 없다는 것을 의미하기 때문이다. 그것은 곧 밸런싱 아티스트가 필요 없다는 뜻이다. 그렇다고 작업을 완성한 뒤 그것을 그대로 보관하려 하면 언제 무너질지 모르는 초조함과 불안감 속에 지내야 할 것 같았다. 완성된 결과에 따라 다르지만 아주 약간의 진동에도 금방 무너져 버릴 수 있기에. 자, 선택은 두 가지다.

첫째, 힘들게 세우고
　　　전전긍긍하면서 살 것인가.
둘째, 미련 없이 무너뜨리고
　　　스스로 가치 있는 존재가 될 것인가.

나는 후자를 택했다. 그 이후 나는 중심 잡기 작업의 본질적인 매력을 볼 수 있는 눈을 갖게 되었다. 그것은 다름 아닌 '순간을 사는 것'이다. 그러면서 인생의 중기 목표라든지, 노후 계획이라든지 그런 것으로부터 조금은 멀어지기로 했다. 힘들게 세우고 전전긍긍하며 살 것이 분명했기 때문이다. 그보다는 순간 눈에 띄는 것들을 손에 집어 들고 집중하여 찰나를 만끽하는 삶을 추구하기로 했다.

내가 결국 밸런싱 아트를 하며 깊이 깨닫고 느낀 것은 그 순간을 사는 힘이었다.

나는 무너뜨리는 것이 즐겁다. 순간을 사는 즐거움을 알고 있기 때문이다. 밑도 끝도 없이 막연한 미래를 고대하는 것이 아닌 그저 주어진 순간에 오직 충실할 뿐이다. 나는 '순간을 즐겨라'라고 말하고 싶은 게 아니다. '순간의 즐거움을 깨닫자'라고 말하고 싶다. 그 어떤 마음도, 생각도 내려놓고 그 순간 자체에 존재하라고 말하고 싶다. 그리하면 알게 될 것이다. 쌓아가는 것도 순간이며 무너뜨리는 것도 순간이라는 것을. 서로 전혀 다른 과정이지만 그 순간에 충실한 다면 그것은 모두 자연스럽게 거쳐 가야 할 때이며 필요한 과정이라는 것을.

대다수의 사람은 오랜 시간 공들여 쌓아 올린 무언가를 지키려고 한다. 또한 더 높은 곳을 향해 계속해서 쌓아 올리며 더 많은 성취를 이루고자 한다. 물론 그 과정은 대단하고 값진 일이다. 하지만 나는 '무너뜨리는 즐거움'을 아는 삶에 대해서도 이야기하고 싶다. 종종 우리는 맛있는 음식을 배불리 먹은 후에도 더 먹고 싶은 욕심에 억지로 욱여넣다 배탈이 나곤 한다. 그리고 무리한 욕심은 언제나 탈을 부른다는 사실을 알게 된다.

만약 내가 중심 잡기 작업을 끝없이 3단, 4단, 10단을 넘어갈 때까지 더 높이, 더 어렵게 쌓아가는 데만 집중한다면, 기술적으로는 더욱 훌륭한 밸런싱 아티스트가 될 수 있을지도 모른다. 하지만 내가 밸런싱 아트에 집중하는 이유는 단순히 화려한 결과를 보여주기 위함이 아니다. 나에게 밸런싱 아트는 눈에 보이는 성취보다는 보이지 않는 내면의 중심을 바로잡는 과정이기 때문이다. 그 시간을 통해 내가 깨달은 것들을 함께 나누는 데에 진정한 가치를 두고 있다.

비싼 외제 차를 타고 다니는 것이 그 사람의 가치를 결정짓는 것은 아니다. 그 차를 타는 사람이 어떤 사람인가가 더 중요한 것이다. 마찬가지로, 여러 사물의 중심을 잡는 것보다도 단 하나의 사물의 중심을 제대로 세우는 그 사람의 마음가짐이 훨씬 더 중요하다. 그래서 나는 사람들이 더 많은 것을 이루고, 더 화려한 삶을 보여주려 애쓰기보다는, 보이지 않는 '마음의 중심'을 바로 세우기 위해 노력했으면 하는 바람이 있다. 모든 성공과 화려함의 본질은 결국 중요한 순간 마음에서 드러나기 때문이다.

끝도 없는 욕심에 취해 무너지기보다는 스스로 무너뜨릴 줄 아는 사람이 되는 것은 어떨까?

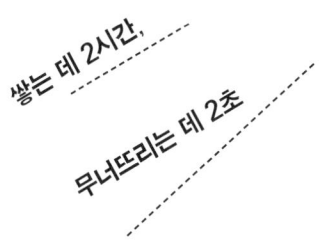

우리는 인생을 살며 끊임없이 무언가를 쌓고 만들어간다. 세상에 태어나면 우리는 부모로부터 보호받으며 자라고, 배우고, 직장을 다니며 가정을 이루기도 한다. 또한 한 사람의 구성원으로서 책임을 다한다. 이 모든 것이 우리 인생 전반에 걸친 생애주기다. 그 과정에서 우리는 새로운 것을 배우고, 무언가를 이루고, 또 쌓아가며 성장해 나간다. 그러나 그 오랜 시간 동안 쌓아온 것들이 때로는 갑자기 무너져 내리기도 하고, 스스로 내려놓아야 할 순간도 찾아온다. 시작이 있으면 끝이 있듯, 끝이 있으면 또 다른 시작이 기다리고 있다.

나 역시 오랫동안 원하던 것들을 이루기 위해 발버둥을 쳤지만, 더 이상 나아갈 수 없음을 깨닫고 결국 모든 것을 내려놓는 경험을 했다. 그때의 나는 무너진 것일까, 아니면 스스로 무너뜨린 것일까? 지금 생각해보면 둘 다였던 것 같다. 무언가를 간절히 바라며 달려가다 보면, 예기치 못한 장벽에 부딪히게 마련이다. 우리는 그때마다 넘어지고, 치이고, 다시 일어나 그 벽을 허물고 나아간다.

그러나 또 다른 벽이 우리를 가로막으면 좌절할 수밖에 없고, 그 좌절이 반복되다 보면 '내가 부족해서 이런 것일까?'라는 질문에서 '어쩌면 다른 길이 있을지도 몰라'라는 생각에 이르게 된다. 그리고 그때 우리는 스스로 내려놓는다. 이 과정에서 무너지고 다시 일어서는 경험을 반복하다 보면, 내려놓음은 단순한 포기가 아니라 큰 용기가 필요한 일이라는 것을 알게 된다.

사람들은 흔히 무너지거나 포기하는 일을 실패나 도망으로 생각한다. 나는 이런 식의 생각에 반대한다. 내가 보기에는 그저 한 여정을 마무리하고 또 다른 길을 시작하는 결단일 뿐이다. 많은 이들이 "포기하지 마"라고 말하지만, 나는 이렇게 말하고 싶다. "포기해도 괜찮아. 넌 할 만큼 했어"라고 말이다. 그토록 간절히 원하던 것을 과감히 내려놓을 줄 아는 용기 또한 아름답지 않은가?

'난 할 만큼 했어.'

나는 서른 중반에 이르러, 수십 년 동안 추구해왔던 모든 것들을 내려놓았다. 어쩌면 무너뜨렸다는 말이 더 정확할 것이다. 그때 내 마음속에서 들렸던 목소리는 단순했다. 비록 결승선을 통과하지 못했지만, 그 결승선 자체가 사라진 것 같았고, 대신 또 다른 결승선이 눈앞에 보였다. 그래서 나는 다시 달리기 시작했다. '할 만큼 했다'는 포기의 이유 중 가장 멋진 이유다. 당연히 남는 미련과 아쉬움, 집착은 쉽게 떨쳐낼 수 없지만, 새로운 길을 걷다 보면 자연스럽게 잊힌다.

포기는 곧 받아들임이다. 누구나 계속 나아갈 수 있는 힘을 가지고 있지만, 우리의 삶은 때로 우리가 원하지 않는 방향으로 흘러가기도 한다. 꿈을 이루기 위해 나아가는 것도 멋지지만, 주어진 책임을 다하기 위해 원하는 것을 내려놓는 것도 그만큼 멋지다. 어느 것이 더 좋은 길인지는 중요하지 않다. 둘 다 우리의 삶이기 때문이다. 다만, 각자의 때가 다를 뿐이다.

밸런싱 아트를 하다 보면, 마치 내가 걸어온 인생처럼 도전과 좌절, 부딪힘과 내려놓음, 혹은 완성을 경험하게 한다. 이 모든 순간들은 하나로 연결되어 있다. 누군가가 자신의 목표를 이루었다고 해서 그 삶이 완성된 것이 아니며, 목표를 이루지 못했다고 해서 실패한 것도 아니다. 삶은 언제나 변하고, 영원한 것은 없다.

우리 모두에게는 각자의 시간이 있으므로, 우리는 그저 자신만의 길을 자신답게 나아가면 된다. 걷든 뛰든, 넘어지든 다시 일어서든, 결승선을 통과하든 아니든, 중요한 것은 그 길을 가는 우리의 태도다. 누가 더 잘나고, 못나고, 좋고, 나쁜 것은 없다.

평소보다 무거운 돌을 들고 약 2시간 동안 중심을 잡은 적이 있었다. 돌들을 세우며 그 작업을 완성했을 때, 나는 여느 때와 같은 성취감과 만족감을 느꼈다. 그러나 그 기쁨은 잠시뿐이었다. 나는 손가락 하나로 돌탑을 살짝

건드렸고, 그 돌탑은 단 2초 만에 무너져 내렸다. 쌓는 데 2시간, 무너뜨리는 데 2초. 어쩌면 삶이라는 게 참 허망하다고 보일 수도 있겠다.

처음에는 그토록 힘들게 쌓은 돌을 그냥 두고 떠나곤 했다. 하지만 어느 순간부터 나는 쌓은 돌을 반드시 무너뜨리고 떠난다. 미련을 남기지 않고 다음 결승점을 향해 나아가기 위해서다. 완성했기에 미련이 없던 것이 아니라 그저 할 만큼 했기 때문이다. 나의 목표가 처음 예상했던 것과 다르더라도, 할 만큼 했다면 과감히 내려놓을 줄 아는 용기가 필요하다. 그것 또한 삶의 중심을 유지하는 방법이다.

완성이라는 것은 우리가 처음 원하던 모습이 아닐 수도 있다. 그러나 할 만큼 했다면, 그것으로 충분하다. 무언가를 쌓아 올렸다면, 그만큼 무너뜨릴 용기도 있어야 한다. 그것이 바로 또 다른 출발점이며, 아름다운 포기다.

이따위 생각은 하지 않기로 했다

우리는 태어나면서부터 죽을 때까지 끊임없이 무언가를 쌓아가며 살아간다. 새로운 해가 지날수록 자연스레 나이를 쌓으며 주름을 쌓고 마음을 쌓는다. 이 쌓아감은 끝날 때까지 끝나지 않는다. 다 쌓는다는 것은 어떤 것일까. 우리의 인생을 무사히 끝마치며 삶을 마감하는 순간, 직장에서 시작한 큰 프로젝트가 완성되는 순간, 내가 한참을 앉아 하나의 작품의 중심을 잡아내는 순간. 우리는 무언가를 쌓으며 끝마치는 순간을 살면서 여러 차례 마주한다.

과연 그 순간 우리의 기분은 한결 나아질까. 그것은 그 수많은 순간을 어떻게 쌓아왔느냐에 따라 다를 것이다. 아무리 많은 것을 쌓아올렸다고 해도 그것이 단지 욕망에 기반한 것이라면, 뒤를 돌아봤을 때 후회와 미련만이 남을지도 모른다. 결국 우리가 쌓아가며 얻은 결과보다 그 과정에서 무엇을 배우고 어떻게 성장했는지가 중요하다는 말이다.

어릴 적에 나는 세상 누구도 따라올 자 없는 천방지축에 개구쟁이였다. 동네 형들을 놀리기 일쑤였고, 마음 상한 형들이 나를 잡으려고 하면 달리기는 또 어찌나 빠른지 잘도 도망 다녔다. 내가 갖고 싶은 것이 있으면 없는 형편에도 악을 쓰며 떼를 썼고 내 뜻대로 되지 않을 땐 방문을 잠그고 들어가 온종일 이불에서 나오질 않았다.

그래서 그런지 나이를 좀 먹어가면서도 나는 고집과 뜻을 잘 굽히지 않았고 하고 싶은 일이 생기면 이를 악물고 나아갔다. 주변에 피해를 주든 말든 당장은 내가 더 중요하다며 그렇게 살았다. 어느 순간 뒤를 돌아봤을 때 내가 이룬 것이라고는 더욱 강력하게 똘똘 뭉친 내 자존심과 오만함, 현실과 엇나간 믿음뿐이었다.

마흔이 되도록 무엇을 쌓아오긴 한 것 같은데, 눈에 보이지도 않고 가슴이 후련하지도 않았다. 그저 후회와 미련, 자괴감 같은 부류의 느낌만이 남아 나를 괴롭혔다. 그리고 그런 생각을 하던 날, 그동안 쌓아왔던 모든 것을 무너뜨렸다.

그 선택을 절대로 후회하지 않는다. 앞으로 더욱 잘 쌓아가기 위해 반드시 겪어야 할 과정이었다. 삶을 쌓아간다는 것은 결코 한 번에 착착 쌓아져 완성되는 것이 아니다. 몇 번이고 무너지고 다시 쌓기를 반복하며 이루어 나아가는 것이다. 그 안에서 실패, 좌절, 고통, 행복, 성취감, 희열의 감정들이 계속해서 왔다 갔다 하며 더욱 잘 쌓기 위한 발판을 다지는 것이다.

낙담하지 말자. 당장에 괴로움이 당신을 무너뜨리려 해도 그래서 무너진다고 하더라도 지금껏 쌓아온 모든 것들을 내던져야 한다. 다시 시작하면 된다. 쌓아온 것들을 과감히 내려놓을 때의 아쉬움과 고뇌마저 저 멀리 던져버리고 새롭게 나아가자. 굳게 마음먹고 한 걸음 한 걸음 다시금 발을 내딛다 보면 또 다른 종착역에서 당신만의 춤이 시작될 것이다.

    모든 일이 완성되어야만 우리의 기분이 나아지는 것은 아니다. 때로는 쌓아왔던 것들을 과감히 내려놓는 것도 홀가분하다. 그 내려놓음 자체가 새로운 시작을 위한 과정이 될 수 있다. 삶의 과정을 쌓아가는 여정이 얼마나 중요한지를 깨달아야 한다. 결과는 중요하지만, 과정이 없으면 결과도 없다. 우리가 바라는 결과가 아니라도, 그 과정을 통해 우리는 배우고 성장한다. 완성을 향해 나아가다 보면 무너질 때도 있고, 잘 쌓일 때도 있다. 내려놓음은 포기가 아니라, 더 나은 완성을 위한 준비 과정이다. 나를 버리지 않았다면, 지금의 나는 없었을 것이다. 그때의 내려놓음이 쌓기를 포기한 것이 아니라, 더욱 잘 쌓기 위한 과정이었던 것이다.

    모든 것을 내려놓고 다시 시작할 때, 비로소 진정한 자유를 느낄 수 있다. 완성을 향해 고군분투하는 것이 아니라, 그 과정 속에서 나를 발견하고 내 삶의 의미를 찾아가는 것이 중요하다. 무너져도 괜찮다. 다시 쌓으면 된다. 중요한 것은 멈추지 않고, 나의 속도와 방식으로 나아가는 것이다. 그 과정이 때로는 느리더라도 방향만은 잃지 않는 게 더 중요하다. 삶에서 쌓아가는 것이 모두 성공적일 수는 없다. 어떤 것들은 무너지고 또 어떤 것들은 다르게 완성된다. 그러나 그것이 실패는 아니다.

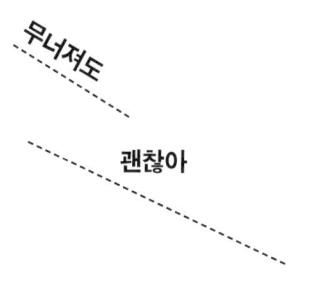

무너져도 괜찮아

 무너질 것이라면 차라리 스스로 다 무너뜨리는 편이 훨씬 속 시원하다. 그러면 누구를 저주하거나 빌어먹을 세상이라고 탓할 필요도 없어진다. 당신 마음의 주인은 당신이다. 내 마음이라는 땅 위에 세워진 건물이 낡아 무너지려 한다면 그것을 애써 지키려 할 필요가 없다. 밀어버리고 더 새롭고 빛나는 건물을 다시 세우면 된다. 그럼 그 땅의 가치도 더 올라가고 나도 더 단단해질 것이다. 버틸 만큼 버텼다면, 더 이상 억지로 버틸 필요는 없다.

 살면서 몇 번이고 무너졌지만, 그때마다 나는 무너지

지 않으려고 온갖 애를 썼다. 지금 돌아보면, 그때의 나는 이미 마음의 구조 신호를 보내고 있었다. 더 이상 버틸 수 없다는 걸 알리며, 무너질 준비를 하고 있었는데도 나는 그 신호를 애써 외면하며 계속해서 버티고 있었다. 그러다 결국 무너지고 말았다. 왜 그토록 아쉬워서 놓지 못하고 붙들고 있었을까? 그간의 시간이 아까워서? 아니면 이유 모를 그리움 때문에? 원하던 것을 이루지 못한 미련 때문이었을까? 수많은 이유가 있었겠지만, 결국 모두 내려놓아야 할 것들이었다. 왜냐하면 나는 이미 충분히 해왔고 버텼기 때문이다.

할 만큼 했다면 이제 놓아주자. 세상에 미련 없는 이별은 없다. 미련은 서서히 놓아지는 것이지, 단숨에 내려놓을 수 있는 것은 아니다. 하지만 관계든 일이든, 내가 할 만큼 했다면 나 자신을 놓아줄 수 있어야 한다. 낡은 것이고, 이미 닳고 해진 것이다. 그걸 몇 번이고 꿰매고 덧대고 새로 칠해왔을지라도, 상처가 아물지 않고, 새로 덧댄 부분이 다시 터진다면, 그것은 무너져야 할 때가 왔다는 신호다.

과감하게 무너지자.
내려놓고 다시 시작하자.

우리의 소중한 마음 위에
낡고 낡은 건물을 계속 세워두지 말자.
당신은 이미 충분히 애썼다.

몇 년 전, 나는 평생을 추구해왔던 가치관과 철학, 그리고 예술을 모두 내려놓고 전혀 다른 삶에 발을 들였다. 그때는 엄청난 용기가 필요했다. 마치 나 자신이 바닥에 깔려버린 듯, 더는 일어나지 못할 것 같았고, 그럼에도 나는 계속해서 무너지지 않으려고 발버둥쳤다. 내가 추구해왔던 모든 것을 마음속에 꼭 쥔 채로. 하지만 버티고 버티다 보니, 더는 이대로는 안 되겠다는 생각이 들었다. 그 순간, 나의 세계가 완전히 무너져 내리며, 내가 의지했던 마음의 땅마저 사라져버렸다. 텅 빈 상태, 마치 갓난아기가 된 듯했다. '앞으로 어떻게 살아야 할까?'라는 생각이 들었지만, 이상하게도 '이제 좀 살 것 같다'라는 생각도 동시에 들었다.

그간 붙들고 있던 모든 것이 결국 이루어지지 않고 사라져버렸지만, 이제는 됐다 싶었다. 새로운 길로 발을 디디고 새로운 마음가짐으로 살아가기 시작하면서 나는 그동안 겪어보지 못했던 감정과 깨달음을 경험했다. 말 그대로 새로운 세상이 보이기 시작했다. 아마 과거의 낡은 세계에 계속 머물러 있었다면, 나는 지금의 중심 잡기 작업을 여기까지 끌고 오지 못했을 것이고, 이렇게 글을 쓰지도 못했을 것이다.

 어떤 것에 깊이 빠져 있으면 그것만이 중요해 보이고, 그것만이 의미 있다고 생각하게 된다. 하지만 그 상태에 머무르면 냉혹한 현실 속에서 그 어떤 것도 이루어낼 수 없다. '이 세상의 중심은 나다'라는 자신감만으로는 현실을 바꿀 수 없다. 세상의 중심은 나 혼자 될 수 없으며, 중심은 함께 맞춰나가야 한다. 그것이 우리가 살아가는 이 현실의 원리다.

 자신이 무너져 내릴 만큼 지치고 고통스럽다면 그 세계에서 빨리 나와야 한다. 그 세계가 무너지는 것을 두려워하거나 아깝다고 생각하지 말자. 만약 아쉬움과 그리움, 이루지 못한 미련에 빠져 허우적대면 우리는 결국 현실을 놓아버리게 된다. "우물쭈물하다가 내 이럴 줄 알았다"라는 버나드 쇼의 묘비명이 이를 방증한다. 현실과 삶을 포기하라는 말이 아니다. 과감히 무너뜨리고 다음을 기대하자는 뜻이다. 무너짐으로써 나는 새로운 삶을 얻었다. 또 다른 것을 이룰 새 힘을 얻었다. 무너뜨리는 것이 두렵고 무섭겠지만 해낼 수 있다. 새로운 삶을 살아갈 용기만 있으면 된다. 다 무너져도 괜찮다. 그것은 끝이 아니다.

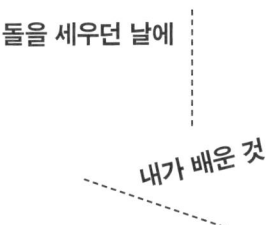

돌에 대해 어떻게든 특별하게 말하고 싶지만, 돌은 그저 돌일 뿐이다. 대부분은 건물을 짓거나 벽을 쌓을 때 사용하는 평범한 재료로 여긴다. 하지만 중심 잡기 작업을 하는 데 돌만큼 제격인 것도 없다. 돌은 형태, 색감, 크기, 그리고 무게가 끝없이 다양해서 중심을 잡기 위한 최고의 도구가 된다. 나는 내가 돌을 이렇게까지 각별하게 생각하게 될 줄 몰랐다.

수많은 재료를 세워봤지만, 돌이 주는 기운은 그 무게감과 강렬함 때문에 더욱 특별하다. 아마도 자연 그대로의 소재라서 그런지, 돌은 나에게 이제 너무도 귀중하고, 말 없이 자신을 내어주는 고마운 존재다. 지금까지 수없이 많은 돌을 사용해 밸런싱 작업을 해왔다. 그 과정에서 느낀 것들은 셀 수 없이 많지만, 그중에서도 내 삶에 가장 깊이 영향을 주었던 순간들이 있다.

강원도의 한 계곡으로 돌을 세우러 갔을 때의 일이다. 계곡은 다양한 돌을 만날 수 있는 최적의 장소다. 일부러 돌이 많은 곳을 찾아갔는데 도착하니 예상대로 돌밭이 펼쳐져 있었다. 나의 가슴은 물 만난 고기처럼 주체하지 못했다. 오버는 금물! 다시 마음을 가다듬고 전경이 확 트인 곳에 자리를 잡았다. 평소에는 접하기 어려운 큼지막한 돌들을 골라 중심 잡기를 시작했다. 그러나 그 순간부터 쉽지 않은 과정이 시작되었다.

내가 선택한 돌이 기대했던 대로 중심을 잡아주지 않을 때마다 그 돌을 붙잡고 씨름해야 했다. 뙤약볕 아래서 몇 시간을 돌과 씨름하다 보면, 나도 모르게 지치고 불안한 마음이 몰려온다. 그러면 밸런싱 아티스트로서의 자조적인 감정이 스멀스멀 올라왔다. 돌 하나를 잘못 선택하거나, 순간적인 오판으로 인해 돌을 세우는 방식조차 더욱 복잡해지고 어려워질 때도 있다. 이런 상황을 겪다 보면 내가 처음에 계획했던 방식이나 예상했던 결과와는 점점 멀어지게 된다.

상황이 그렇다고 한들 누가 나의 투정과 고뇌를 들어줄까? 이 돌을 선택한 것도, 그 돌을 세우는 과정에서 느끼는 고통도 모두 나의 몫이었다. 돌을 세우며 그 무게에 눌릴 때면 온몸이 저릿저릿해지고, 팔에 힘이 빠져 더 이상 버틸 수 없을 것 같다는 생각이 든다. 돌을 내려놓고 싶은 유혹이 수없이 찾아온다.

하지만 그 순간, 나는 돌을 내려놓고 싶어 하는 나 자신을 내려놓기로 한다.

당장 편안해지고 싶은 마음을 넘어서, 성장을 위해 고통을 발판 삼아 나아가야 한다는 사실을 되새긴다. 돌을 내려놓고 싶은 순간, 그 마음을 내려놓을 때 몸은 편안해진다. 어차피 해내야 할 일이라면, 그 과정을 받아들이는 것이 옳다. 인생에서 한계에 부딪힐 때, 그 한계를 극복하는 가장 좋은 방법은 상황을 바꾸는 것이 아니라 나 자신을 내려놓는 것이다. 마음은 무한한 그릇과 같아 한계가 없다. 한계란 우리 스스로 만들어낸 것일 뿐이다.

그렇게 양손에 돌을 쥐고, 그 돌을 내려놓고 싶어 하는 나를 내려놓는 순간, 몸의 고통은 사라지고, 흐트러진 호흡은 다시 잡힌다. 손끝의 감각이 되살아나고, 정신이 맑아지며 한층 더 깊은 집중 속에서 나아가다 보면, 어느새 돌은 완성되어 있다.

삶에 비할 바는 아니지만, 내가 돌을 선택했던 것처럼 인생에도 수많은 선택지가 존재한다. 우리는 하루에도 수십 번씩 선택의 기로에 서고, 그 선택들이 모여 우리의 하루, 더 나아가 인생을 만들어간다. 그러나 어떤 선택을 하든 그 결과는 예측할 수 없으며, 과정 중에 선택지가 달라지기도 한다. 내가 선택한 돌들과 예상한 형태의 완성도 마찬가지다. 예상했던 대로 되지 않을 때도 있고, 무너져 다시 시작할 때도 있다.

중요한 것은 끝끝내 나아가다 보면, 예상치 못한 방식으로 완성에 다다르게 된다는 점이다. 비록 처음 생각했던 것과는 다를지라도 실패와 변화를 거쳐 얻어진 결과는 나의 마음이 담긴 하나의 작품이 된다. 나는 이 과정에서 실패가 패배가 아닌, 진정한 성공을 위한 과정이라는 것을 깨달았다. 물론, 그 과정은 결코 쉽지 않다. 우리의 삶에는 언제나 우리를 짓누르는 수많은 무게가 존재하기 때문이다.

도무지 예측할 수 없는 상황들이 닥쳐오고 목표는 종종 계획대로 이루어지지 않는다. 그러나 포기하지 않고 나아갈 때, 우리는 결국 나만의 무언가를 성취할 수 있다. 그 성취는 수많은 어려움과 한계를 극복하며 얻은 것이기에 더욱 값지고, 쉽게 따라 할 수 없는 나만의 작품이 된다. 어렵게 이룬 것은 그만큼 더 큰 가치가 있다. 이게 바로 돌을 세우던 날에 내가 배운 것이다.

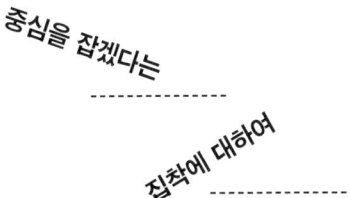

그날은 유난히 모든 것이 뜻대로 풀리지 않았다. 평소처럼 중심 잡기 작업에 나섰는데 이상하게도 무언가 계속해서 어긋났다. 작업을 시작하자마자 번번이 실패했고, 나는 무언가 잘못된 것 같다는 생각이 들었다. 그래서 무거운 돌을 가벼운 돌로 바꾸고 장소를 옮겨 보기도 했지만, 중심은 잡히지 않았다. 그저 계속해서 무너지고 무너질 뿐이었다. 무너질 때마다 더 잘해보려고 애를 썼지만, 중심은 더욱 멀어져갔다.

시간이 지날수록 초조함과 짜증이 밀려왔다. 나는 벨

런싱 아티스트로서 큰 압박감을 느끼기 시작했다. '평소에는 감각적으로 중심을 잡아가던 내가 왜 이러는 걸까. 왜 이렇게 안 될까? 뭐가 문제지?'라는 생각이 계속 맴돌았다. 손에 힘이 잔뜩 들어갔고, 마음은 점점 더 조급해졌다. 그저 돌 하나를 세우는 일인데, 나는 왜 이리도 실패를 반복하는 것일까. 생각할수록 내가 무능력한 것처럼 느껴졌다. 밸런싱 아트를 해온 시간도 꽤 오래됐는데, 내가 이 정도밖에 안 되는가. 한숨을 쉬며 또다시 실패한 돌탑을 바라봤다.

중심 잡기 작업을 하며 알게 된 중요한 한 가지는 중심은 잡으려고 하면 할수록 잡히지 않는다는 것이다. 집착할수록 마음에 조급함이 생기고 더 빨리 더 화려하게 잡아내고 싶은 욕심이 일어난다. 그러다 보면 몸에 힘이 들어가고 경직된 손가락은 결국 중심을 무너뜨린다. 처음엔 느끼지 못했다. 무너지면 짜증부터 냈다. 짜증 내며 화를 내봤자 중심은 더 안 잡혔다. 호흡은 흐트러져 아예 하기 싫은 마음이 올라왔다. 무언가 변화가 필요하다고 느꼈다.

결국, 나는 손을 멈추고 작업대를 한참 바라보았다. 문제는 '중심을 잡아야 한다'라는 나의 집착에 있었던 것이었다. 너무 잡으려고 애쓰니 오히려 잡히지 않는다는 진실을 깨닫기까지는 꽤 오랜 시간이 걸렸다. 내가 돌을 세우려고 집착하는 그 순간, 그 욕심과 강박이 나를 방해하고 있었던 것이다. 세상이 나를 방해한 것이 아니라, 나 자신이 나를 방해한 것이다.

돌을 세우려는 욕망을 내려놓고, 오로지 그 순간 자체에 집중하는 것이 필요했다. 그래서 마음을 차분하게 가다듬었다. 그저 손끝에서 느껴지는 감각에 집중하고, 내가 무언가를 세우겠다는 생각조차 내려놓았다. 마음속의 소음을 내려놓고 나니, 감각들이 차분해졌고 다시 호흡이 잡히기 시작했다. 그 순간 나는 깨달았다. 더 이상 '중심을 잡겠다'라는 집착이 아니라, 그저 이 순간에 온전히 머물러야 한다는 것을.

여기서 중요한 것은 오직 그 순간에 머무를 수 있게 되었다는 점이다. 마음을 다잡자 호흡이 잡히며 나도 모르는 사이에 중심을 잡으려는 마음을 잊어버렸다. 나에게는 오로지 중심을 잡는 그 순간만이 존재했다. 그 행위 자체에 충실했다. 더 잘 잡으려고 애를 쓰던 집착이 사라지고 나니 오히려 그 순간과 행위 자체에 온전히 집중할 수 있었다. 그렇게 비워진 마음은 나의 감각을 일깨웠다.

예전의 나였다면 계속해서 '이건 잡아야 해', '더 잘해야 해'라는 강박에 사로잡혀 있었을 것이다. 그러나 마음이 비워지고 나니, 더 이상 중심을 잡으려는 욕심이 사라졌다. 그저 돌을 세우는 그 행위 자체에만 집중하게 되었다. 신기하게도, 돌은 더 이상 쓰러지지 않았다. 중심을 잡으려던 나의 욕망이 사라지니, 오히려 자연스럽게 중심이 잡혔다. 결국 문제는 세상이 아니라, 나의 마음속에 있었다.

이 경험은 나에게 중요한 교훈을 주었다. 우리 삶 속에서 무언가를 이루려고 할 때, 집착하면 오히려 그것이 우리를 방해할 수 있다. 더 잘하려고 애를 쓰는 순간, 마음에 조급함이 생기고 그것이 발목을 잡는다. 마치 무대 위에서 가수가 관객의 반응에 집착하면 노래에 집중하지 못해 결국 무대를 망치는 것처럼. 무언가를 이루기 위해서는 결과만을 바라보고 집착하는 것이 아니라 그 과정에서 충실한 자세가 필요하다.

나를 가로막는 문제들이 생겼을 때, 조급함과 욕심에

사로잡히면 답은 보이지 않는다. 오히려 마음을 내려놓고, 그 순간을 차분히 바라보아야 비로소 문제의 본질이 보이기 시작한다. 나는 그날, 중심을 잡으려고 애쓰는 것이 아니라 그저 그 순간에 집중하는 법을 배웠다. 그때야 비로소 돌을 세울 수 있었다. 인생에서도 마찬가지다. 우리가 원하는 결과를 향해 달려가려 할수록, 조급함이 생기고 그것이 우리를 방해한다. 그러나 그 과정에 충실하고 그 순간을 받아들이면, 결과는 자연스럽게 다가온다.

당장 해결되지 않는 문제가 삶을 가로막는 기분이 든다면, 탓하고 짜증을 내기보다 그러한 마음들을 가라앉히고 순간에 충실하도록 깊이 숨을 들이마시자. 그리하면 보일 것이다. 무엇이 문제였는지.

모든 문제의 답은 나에게 주어진 그 순간에 있다. 나를 가로막는 것도 순간이고 그 순간을 해결해야 다음 순간으로 나아갈 수 있기 때문이다.

자, 정리한다.
집착하지 마라. 무언가를 이루려고 하면 할수록 오래 할 수 없다.

결과에 매몰되지 마라. 과정에 충실해야 더 좋은 결과를 만날 수 있다.

감정을 가라앉혀라. 그래야 다음을 기약할 수 있다.

■ 돌 쌓기의 정석 ■

본격적으로 돌을 쌓으려는 초심자를 위한 조언

제3강
쌓기

서두르지 않고 하나씩 올린다

● 축하합니다. 당신은 가장 힘든 구간으로 접어들었습니다. 아마 중간에 다 포기하고 싶은 감정이 수도 없이 복받쳐 올라올 겁니다. 그래도 어쩔 수 없습니다. 우린 이미 평평한 땅을 찾았고 적당한 돌들을 골라놨으니까요. 이제 멈출 수는 없습니다.

● 부실 공사라는 말이 있습니다. 말 그대로 건물을 부실하게 쌓아 올리면 그만큼 쉽게 무너진다는 뜻입니다. 밸런싱 아트는 쉽고 빠르게 쌓아 올리는 기술을 겨루는 승부가 아닙니다. 저는 돌을 쌓으며 늘 이 돌을 마주할 사람들, 즉 저의 손님들의 표정을 떠올립니다. 손님들이 내 가게를 찾아왔을 때 '여기 진짜 맛집이다'라는 말을 하게 하려면 쉽게 가는 길에 대한 욕망을 억눌러야 합니다. 더욱 공을 들여 가장 완성도 있는 결과물을 내어놓아야 합니다.

● 가장 먼저 시작점인 바닥의 중심을 찾습니다. 그런 뒤 그곳과 처음으로 마주치는 첫 돌의 중심을 살피죠. 그 다음에는 첫 돌과 두 번째 돌이 마주할 중심점을 찾습니다. 이처럼 수많은 중심이 계속해서 맞물리며 결국 하나의 미세한 중심으로 수렴됩니다. 그 중심의 크기는 송곳보다 뾰족하고 작을 것이지만, 당신을 짓누

르는 무게감은 상상을 초월할 겁니다. 이 중심의 크기가 좁아질수록 심장박동수는 빨라지고 숨소리는 거칠어집니다.

● 밸런싱 아트는 중심을 잘 잡으려고 하면 할수록 균형과는 더 멀어지는 이상한 행위입니다. 오히려 반대로 잘 잡으려는 의지와 집착과 고뇌를 내려놓는 순간, 긴장된 몸과 마음이 느슨해지며 미지의 감각이 살아나죠. 바로 그때 숨어 있던 중심이 느껴지기 시작할 겁니다. 좋아요, 아주 잘하고 있습니다.

● 아마 무척 힘이 들 겁니다. 그냥 대충 타협하고 돌을 눕혀서 대충 쌓고 끝내고도 싶을 겁니다. 하지만 참아야 합니다. 우리가 돌을 쌓는 이유는 무엇일까요? 돈이나 명예는 물론 아닐 겁니다. 그렇기 때문에 더욱더 지름길에 대한 유혹을 견뎌야 하죠. 미세한 진동 하나에도 와르르 무너질 것 같은 아슬아슬한 순간에는 숨을 꾹 참고 오직 손가락 끝에만 온 정신을 집중합니다. 우리의 작업은 1밀리미터의 미세한 오차만으로도 몇 시간의 노력이 처참히 무너져 내리는 작업이기에, 이 순간은 마치 아무도 없는 암흑 속 우주 공간에 덩그러니 혼자 남겨진 듯한 느낌을 주기도 합니다.

● 한겨울에도 비 오듯 땀을 흘리게 만드는 작업이 바로 이 밸런싱 아트입니다. 세상에서 가장 귀한 보석을 손에 집어 들고 있는 것처럼 손가락 하나하나의 힘을 줬다 뺐다 하며 중심의 오차들을 줄여나갑니다. 그러다 어느 순간 1밀리미터의 간극조차 완전히 맞아떨어졌다는 느낌이 들 때, 주변의 모든 것이 잊힐 만큼 고요해지는 순간, 살짝만 건드려도 터질 것 같은 폭탄을 손에서 내려놓듯 서서히 돌에서 손을 뗍니다.

● 섬세한 폭풍전야의 시간 속에서 문득 중심이 딱 맞아떨어지는 순간, 비로소 정적은 깨어지며 세상의 시간은 다시 정상적으로 흘러가기 시작합니다. 저 역시 어느새 다시 세상으로 돌아와 눈앞에는 완성된 돌탑이 보이죠. 축하합니다. 당신의 돌탑이 세워졌군요.

돌
넷

돌을 쌓으면서 놓아준 것들

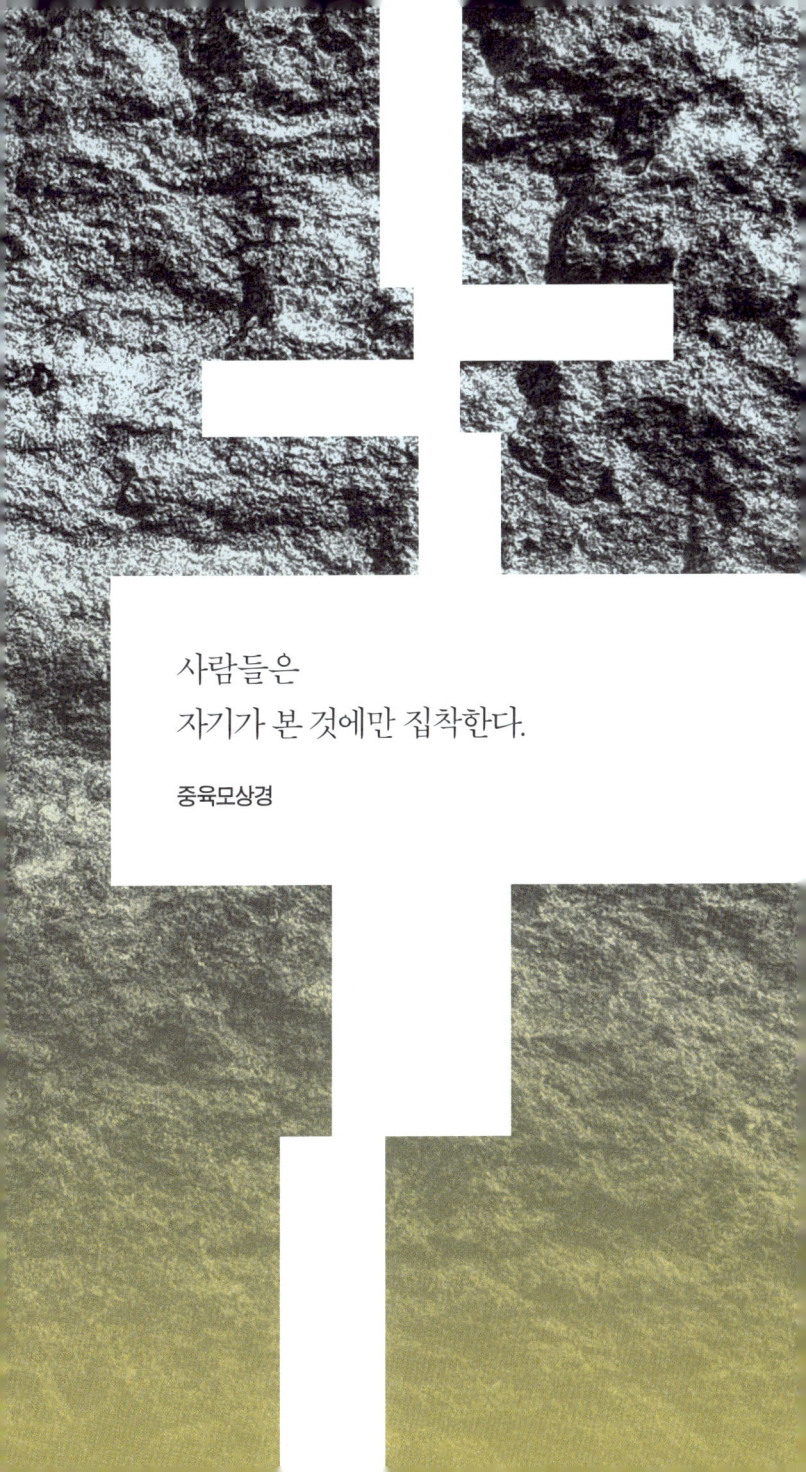

사람들은
자기가 본 것에만 집착한다.

중육모상경

오직

모를 뿐인

마음으로

만족만으로 채워지지 않는 것이 있다. 아무리 많은 것을 누리며 살아도 마음 한구석에 공허함이 남아 있는 것이 인간의 본성이다. 그 공허함은 대부분 삶이 멈춰 서 있는 듯할 때 찾아온다. 나는 그것을 '정신적인 가난함'이라고 생각한다. 물질적으로는 부족함이 없을지라도, 내면의 정신이 채워지지 않으면 그 결핍이 서서히 드러난다. 이런 순간에 사람은 새로운 무언가를 향해 나아가고 싶어지며, 그것이 바로 우리가 흔히 말하는 '꿈'이다. 꿈은 그저 이상을 좇는 것이 아니라 마음의 부자가 되기 위한 여정이다.

꿈을 향해 나아간다는 것은 새로운 도전이고, 그 도전은 우리가 기존에 누렸던 익숙한 환경에서 벗어나는 것을 의미한다. 우리는 지금까지 해왔던 일들이 안정적이고 편안하다고 느끼기 때문에 그것을 벗어나는 것이 두렵다. 하지만 진정으로 꿈을 이루고 싶다면, 당신을 고요하게 재우려고만 하는 흔들의자를 박차고 나가야 한다.

내가 존경하는 숭산스님에 대해 이야기하고 싶다. 그는 이미 한국에서 큰스님으로 존경받던 위치에 있었지만, 어느 날 모든 것을 내려놓고 비행기표 한 장만 챙겨 무일푼으로 미국으로 건너갔다. 영어도 모르는 상황에서 승복을 벗고 세탁소 수리공으로 일하며 가장 평범한 생활을 시작했다. 우리가 볼 때는 무모해 보이지만, 그는 '오직 모를 뿐인 마음으로 나아가라'는 자세로 매일을 살았다. 그 과정에서 차근차근 자신의 길을 걸었고, 결국 32개국에 120여 개의 선원을 설립하며 전 세계적으로 이름을 알리게 되었다.

이 이야기가 왜 중요할까? 숭산스님은 자신이 이미 누리던 모든 것을 버리고 완전히 새로운 세계로 발을 내디뎠다. 그가 큰 깨달음을 얻은 스님이었기 때문에 가능했던 일일까? 아니다. 익숙한 것을 버리고 미지의 세계로 나아가는 것은 어느 누구에게나 쉽지 않은 일이다. 하지만 '오직 그 모를 뿐'이라는 자세로, 새로운 도전을 받아들이고 그 길을 걸었다. 할 수 있는 것은 지금 당장 해보는 것 외에는 없었기에.

꿈을 향해 나아가는 것은 고생문을 스스로 열어젖히는 일이다. 그 문을 열지 않으면 흔들의자가 주는 안락함은 계속될 것이다. 하지만 그 문을 열고 나아가면 전혀 새로운 환경에서 수많은 도전과 시련을 만나게 된다. 그때마다 그 길이 맞는지 확신이 서지 않을 것이다. 그럴 때마다 '오직 모를 뿐'이라는 마음으로 그 길을 걸어가야 한다. 모른다는 것은 두려운 것이 아니라 새로운 가능성을 열어두는 것이다. 그 과정에서 우리는 마음속의 공허함을 채우게 될 것이고, 물질로는 채울 수 없었던 그 결핍이 서서히 메워질 것이다.

이미 많은 사람의 삶이 익숙함과 안정감이라는 쪽으로 기울어져 있다. 그래서 본래의 꿈을 되찾고 싶어 한다.

가장 순수하고 재밌는 것을 추구하는 게 우리의 본성이기 때문이다. 기울어져 있기 때문에 중심을 잡고 싶어 한다는 말이다. 고로 꿈을 향해 나아가는 순간, 균형은 다시 잡히기 시작할 것이다. 꿈을 향한 도전은 우리를 또 다른 안정감으로 이끈다. 다만 그 과정에서 너무 깊이 빠져버리면 새로운 공허함이 찾아올 수 있다. 그렇기에 꿈을 향한 도전은 막연한 두려움이 아니라, 잃어버린 삶의 균형을 되찾아가는 과정으로 보아야 한다. 설레는 마음으로 나아가라. 익숙한 환경은 사라지겠지만 그동안 쌓아온 나 자신은 여전히 남아있다. 그것은 당신에게 든든한 버팀목이 될 것이다.

두려워하지 마라. 그동안에도 수많은 도전을 극복해오지 않았는가. 이번에도 마찬가지다. 방향이 달라질 뿐, 여전히 길을 걷는 건 당신이다. 꿈을 향해 나아간다는 것은 자신을 믿는 것이다. 그 믿음이 있다면 당신은 이미 준비된 것이다. 두려움 대신 설렘을 가지고, 지금 당신 앞에 놓인 문을 힘차게 열어젖혀라. 그 문을 열 때, 새로운 세상에서 또 한 번 중심을 바로 세우게 될 것이다. 오직 모를 뿐인 마음으로 나아가길 바라며.

스스로
멈출 수 있는
인간

    가만히 앉거나 누워서 아무 생각 없이 쉬고 있으면 그 순간만큼은 마치 세상이 멈춘 듯 평온하다. 소파에 기대어 눈을 감으면 세상의 온갖 소음과 스트레스로부터 잠시나마 해방된 듯한 기분이 든다. 모든 것이 정지된 그 짧은 순간, 마치 나 자신마저도 공허해지는 듯하다. 머릿속의 혼란스러움도 잠시 사라지고, 그 자리를 고요가 채운다. 한 가지 안타까운 사실은 그러한 고요가 오래가지는 않는다. 금세 다시 나를 괴롭히던 생각들이 떠오르고 억눌렸던 걱정들이 파도처럼 밀려온다. 그렇게 짧았던 평온은 빠르게 끝이 나고 나는 다시 현실의 무게에 눌려버린다. 그 평온함을 간절히 원했던 나 자신은 결국 현실과 직면하게 되면서 다시금 복잡한 내면의 싸움을 시작하게 된다.

내가 처음 명상을 시작한 것은 20대에 접어들면서였다. 그때는 단순히 스트레스와 피로로부터 잠시나마 벗어나고 싶다는 생각에 명상을 시도하게 되었다. 절에서 처음 배운 명상법은 단순히 신체의 이완을 넘어서 마음을 내려놓는 법을 가르쳐 주었다. 명상할 때 나는 그 순간의 모든 것에서 벗어나 내면의 고요함에 집중했다. 집에 있을 때도 자주 명상을 하곤 했는데, 그때마다 마음을 가라앉히고 내면을 들여다보는 시간이 나에게 큰 위안이 되었다. 그러나 명상을 단순한 휴식과는 다르게 여긴 이유는, 후자가 단순히 피로를 풀기 위한 도피처라면 명상은 내면의 혼란을 정리하고 중심을 되찾기 위한 '의도적 집중'이었기 때문이다. 단순히 눕거나 앉아서 휴식하는 것만으로는 얻을 수 없는 내면의 안정감이 명상을 통해 나에게 다가왔다.

명상을 처음 시작할 당시, 나는 텅 빈 마음의 상태에 깊이 빠져들었다. 그 고요함이 주는 평온함에 마음이 끌렸고 점차 더 깊이 그곳으로 빠져들었다. 그러나 그 상태가 주는 안락함에 너무 몰입한 나머지 현실을 도외시하고 있었다. 고요하고 평온한 내면에 빠져드는 것은 좋았지만, 점차 현실로부터 멀어지면서 나는 점점 혼란에 빠지게 되었다. 나는 현실의 중요성을 간과한 채, 오로지 내면의 고요만을 추구했었다. 그렇게 오랜 시간 텅 빈 마음에만 집중하던 나는 결국 내 삶과 현실 사이에서 괴리감을 느끼게 되었다. 그제야 나는 현실을 무시한 채 살아가면 안 된다는 사실을 깨달았다.

그 이후, 나는 현실에 발을 디디고 살아가기 위해 다시금 애쓰게 되었다. 명상을 통해 얻은 내면의 고요함은 여전히 나에게 큰 위안이 되었지만, 이제는 그 고요함에 빠지기만 해서는 안 된다는 것을 알았다. 현실을 회피하지 않으면서도 그 속에서 나의 중심을 유지하는 것이 더 중요한 일이라고 생각했다. 예전에는 고요한 절이나 집에서만 명상이 가능했었다면, 이제는 시끌벅적한 도심 속에서도 내면의 평화를 유지할 수 있게 되었다. 나는 이제 현실 속에서 나 자신을 지키며 동시에 그 고요함을 현실의 도구로 삼을 수 있었다. 그것이 나에게 있어 가장 중요한 변화였다.

때로는 지친 일상에서 그저 아무 생각 없이 쉬고 싶을 때가 많다. 피로에 눌려 몸과 마음이 무거워질 때, 모든 걸 내려놓고 아무 생각도 하지 않고 싶은 순간들이 있다. 하지만 그 순간들마저도 오래 지속되지 않았다. 금세 밀려오는 생각과 걱정들이 나를 다시 덮쳤고 나는 또다시 현실의 무게를 마주하게 되었다. 그때 깨달았다. 일시적인 휴식만으로는 진정한 쉼을 얻을 수 없다는 사실을. 진정한 쉼은 그저 몸을 쉬는 것이 아니라, 내면의 고뇌를 직면하고 그것을 이겨내면서 얻어진다는 것을.

나에게 진정한 쉼이란, 단순히 몸을 눕히고 아무 생각 없이 있는 시간이 아니다. 그것은 그저 현실로부터 잠시 도피하는 일시적인 피난처일 뿐이다. 물론 그러한 시간이 필요할 때도 있다. 하지만 나는 그저 쉬는 것보다는 내면의 고뇌와 맞서 싸우고, 그 속에서 나 자신을 지키는 것이 더 중요하다고 생각한다. 그렇게 나는 현실과 내면을 조화롭게 맞추기 위해 내면의 힘을 기르기 시작했다. 어느새 나는 내가 어디에 있든, 누구와 있든, 어떤 상황에서든 내면의 평화를 유지하며 나아갈 수 있게 되었다.

중심을 지키는 것이 여전히 쉽지 않지만, 더 이상 쉽게 흔들리지는 않는다. 물론 앞으로 흔들리는 순간은 또다시 찾아올 것이다. 하지만 그것을 지킬 수 있는 힘이 나에겐 있다. 나는 나 스스로 쉴 수 있게 되었기 때문이다. 어딘가에 앉건, 무언가를 향해 걸어가건, 누군가와 대화를 나누건, 주어진 일을 해 나아가건, 나는 눕지 않고도 쉴 수 있다. 쉼, 그것은 가만히 눕는 게 아니다. 우리를 괴롭히는 수많은 상황과 생각으로부터 스스로 자유로워지는 것이다.

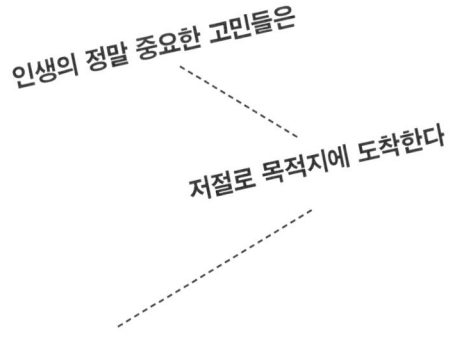

인생의 정말 중요한 고민들은
저절로 목적지에 도착한다

　출퇴근 시간의 대중교통 승하차 공간은 말 그대로 복잡함의 끝판왕이다. 어디를 봐도 사람들로 가득 차서 숨이 막힐 정도로 북적이는 그곳. 그런데 이렇게 복잡한 곳도 출퇴근 시간이 지나면서 점점 여유가 생기기 시작한다. 너무나 당연한 얘기지만 모여 있던 사람들이 그 공간을 점점 빠져나가기 때문이다. 사람들에게는 모두 자신만의 목적지가 있다. 그 목적지를 향해 가기 위해 그곳에 모였으며 목적지에 맞는 출발지를 선택하여 거기에 맞는 경로를 이용하여 하나둘씩 빠져나간다.

우리의 삶도 때로는 그 공간만큼이나 복잡하다. 머릿속에 수많은 생각과 고민이 가득 차서 무엇을 해야 할지 모르는 순간이 찾아오는 것이다. 그러나 문제는 그 생각들의 목적지가 어딘지 모르기 때문에 떠나지 못한다는 데 있다. 어디로 가야 할지 몰라 머뭇거리며, 그 생각들은 마음의 정류장에 머물며 우리를 계속 괴롭힌다. 이런 때는 무작정 고민하지 말고, 그저 다가오는 버스를 타고 어디든 가보는 게 나을지도 모른다. 어디로 갈지 몰라도 일단 움직이는 것이다.

무심코 고개를 들어 눈앞에 다가오는 버스를 타자. 어디로 갈지 어디서 내릴지 잘 모르겠지만 일단 타자. 때로는 그냥 무작정 버스를 타고, 아무런 계획도 없이 내리는 것이 필요하다. 물론 지하철이어도 상관없다. 내가 이런 제안을 하는 이유는, 익숙한 곳에 머물면 늘 같은 생각만 하게 되어서 고민과 걱정이 나를 놓아주지 않기 때문이다. 어딘가 익숙한 거리를 걷고 있으면, 결국 그동안 해왔던 생각들만 머릿속을 가득 채운다. 하지만 낯선 곳에 도착하면 모든 게 다르다.

처음 보는 거리, 처음 마주치는 사람들, 생소한 냄새와 풍경이 나를 둘러싸면, 머릿속은 자연스럽게 다른 정보로 채워지기 시작한다. 낯선 곳에서는 오로지 생존을 위해 주변을 탐색해야 하고, 그 덕분에 기존의 복잡했던 생각들은 잠식되어 사라진다. 나에게 중요한 건 그 순간을 온전히 느끼는 것이고, 낯선 환경 속에서 내 자신을 재정비하는 것이다.

그렇게 익숙하지 않은 공간에 발을 디디면, 나는 오히려 더 자유로워진다. 새로운 환경에서 느끼는 신선한 감각들은 내 안의 혼란을 잠재우고, 오롯이 그곳에 집중하게 만든다. 머릿속을 가득 채웠던 잡념들이 흐트러지고, 생각보다 내가 안고 있던 고민들이 사소했음을 깨닫게 된다. 그래서 나는 늘 이 낯선 상황을 찾아 나선다. 익숙함은 나를 붙잡지만, 낯선 곳은 나를 해방시킨다.

내게 중심 잡기 작업은 바로 이 복잡함을 정리하는 데 가장 좋은 방편이다. 낯선 곳에서 돌을 집어 들고 무작정 쌓기 시작하면, 그 돌의 무게가 내 안의 혼란을 눌러준다. 나는 일부러 더 무거운 돌을 선택해 쌓아본다. 그 무게감이 떠오르려는 복잡한 생각들을 눌러주고, 무작정 쌓는 과정은 내 머릿속을 잠시나마 비워낸다. 그렇게 한참을 쌓고 나서 돌아보면, 그토록 복잡하게 느껴졌던 생각들이 의외로 아무것도 아니었다는 작은 지혜를 얻게 된다.

익숙한 공간에서는 결코 사라지지 않을 것 같던 고민도, 낯선 곳에서는 오로지 생존을 위해 필요한 정보들로 채워져 버린다. 그러면 나의 중심도 자연스럽게 안정감을 찾는다. 중심 잡기 작업은 그 낯선 환경에서 내가 중심을 잃지 않도록 나를 붙잡아주고, 그 순간을 살아가는 힘을 준다.

사실, 우리의 삶에서 정말 중요한 고민들은 대부분 그 목적지가 분명하다. 그곳에 다다르는 과정이 어려워 고민하는 것이다. 그런데 그 과정에서 불필요한 잡생각들이 머릿속에 자리 잡으면, 우리는 복잡함에 빠지게 된다. 알고 보면 그 복잡함의 대부분은 진짜 중요한 고민과는 상관없는 것들이다.

이럴 때일수록 더 집중해야 한다. 목적지에 도달하는 방법을 고민하기보다는, 잠시 멈추고 복잡한 생각들로부터 자신을 내려놓아야 한다. 나 역시 그럴 때 돌을 쌓았다.

'마음이 가는 대로 무작정'이라는 태도가 중요하다. 아무 목적 없이 쌓아 올리다 보면 복잡했던 생각들이 사라지고, 어느새 무너진 돌처럼 내 안의 혼란도 정리되고는 한다.

　우리는 저마다의 목적지를 향해 나아간다. 가족의 행복, 일의 성공, 건강의 회복 등 그 목적지는 다양하다. 하지만 그 길이 항상 순조롭지는 않다. 때로는 길을 잃고 머물러야 할 때도 있다. 그럴 땐 목적지를 잠시 내려놓고, 오롯이 현재의 순간에 머물러보자. 잠시 쉬는 시간은 길고 짧음을 떠나, 복잡했던 마음을 가라앉히는 데 큰 힘이 될 수 있다. 목적을 내려놓고 순간에 집중하는 시간을 가져보자. 비록 그 시간이 짧다고 하더라도, 삶을 다시 보게 만드는 힘을 줄 것이다.

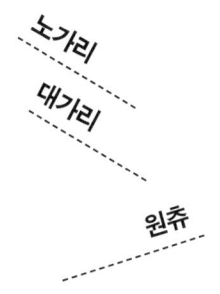

    비가 내리던 어느 날, 아주 친한 친구와 함께 빗소리를 안주 삼아 술을 들이켰다. 한 잔 두 잔 마시다 보니 취기도 오르고 배도 불러왔지만 우린 멈출 수 없었다. 2차의 행선지를 어디로 정할지 도란도란 얘기를 나눴고, 어느새 의견은 마른 안주계의 거목 노가리가 있는 집으로 정해졌다. 얼큰하게 소주 한잔 마셨으니 그다음은 잘 말려 바삭하게 구운 노가리에 시원한 맥주를 마시기로 한 것이다.

    근처 노가리 맛집으로 바로 달려가 조금의 고민도 없이 시원한 생맥주 두 잔에 노가리를 주문했다. 벌컥벌컥

시원하게 한 모금 들이키고 고추장에 살짝 찍은 바삭한 노가리를 입안에 넣는 순간, 원더걸스의 노래 「Nobody」가 흘러나왔다. 우리는 우스갯소리로 "노가리 대가리 원츄!" 하며 흥겨운 대화를 이어나갔다.

노가리의 맛에 노래까지 더해져 쉴 새 없이 먹다 보니 턱이 살짝 아팠지만 멈출 수 없었다. 어느새 노가리는 대가리만 남긴 채 전멸해 있었다. 배는 부르고 취기는 더 오르며 기분이 좋아진 나는 남은 노가리 대가리를 보다가 재미있는 생각이 떠올랐다. 다름 아닌 노가리 대가리 중심 잡기. 느낌이 가는 대로 대가리를 맞추어 바로 세웠는데 보고 있던 친구가 한참을 웃었다. 남은 대가리까지 의미 있게 쓰이고 즐거움까지 선사한 노가리를 생각하며 노가리를 라임을 지어 찬양했다.

배부르면 먹는 대표 안주 노가리
계속 들어가는 이 맛 어디 가리
씹을수록 아픈 나의 아가리
끝까지 쓰임새 있는 너의 대가리
그 매력은 계속 퍼져 나가리

이젠 하다못해 노가리 대가리로도 중심을 잡는 나를 보며 스스로도 웃음이 났지만, 전혀 생각지 못한 시도를 가능하게 해준 노가리에게 고마웠다. 새로운 것에서 중심을 찾아 완성한 것에 대해 왠지 모를 뿌듯함을 느꼈다.

새로운 시작이라는 것은 굉장히 중요하다. 인류 역사상 모든 혁신과 발전은 기존의 틀을 벗어난 새로운 시도로부터 시작되었기 때문이다. 아주 미약하다 할지라도 누군가가 시작한 예상치 못한 시도는 훗날 한걸음 도약함에 있어 큰 영향을 끼친다. 비록 술에 취해 남은 노가리 대가리를 세운 것이라 할지라도 나에게는 새로운 시도이자 앞으로의 확장 가능성을 느낄 수 있는 순간이었다. 노가리의 대가리까지 세우고 나니 앞으로 뭔들 중심 잡기 작업의 소재로 쓰이지 못할까 싶었다.

오래된 격언이지만 고인 물은 썩는다. 그것은 우리의 생각과 마음 또한 마찬가지다. 머무름이란 것은 큰 안정감과 편안함을 주지만, 삶이 나아가지 않는다고 느낄 때 더 큰 불안감을 느끼는 게 사람이다. 돈이 많건 적건, 여유가 있건 없건 삶이 멈춰 있다는 생각이 들면 더 이상 삶의 가치를 느끼지 못하기 때문이다. 분별력과 의지가 있는 인간의 어쩔 수 없는 숙명이 아닐까 싶다.

그래서 우리에게는 도전정신이 필요하다. 대부분이 하지 않는다고 해서 그들의 눈치를 볼 필요 없다. 그것이 죄만 아니라면 못할 것도 없지 않은가. 물론 늘 새로운 시도를 할 필요는 없다. 다만 더 이상 나의 삶의 가치를 느끼지 못하겠거나 무언가 답답함을 느낀다면 그때가 바로 나아갈 때다. 머무름에서 나아간다는 것은 기존의 나로부터 탈피해 새로운 나를 발견할 때 가능한 것이다. 그러기 위해 우린 시도해볼 필요가 있다. 그것이 설령 노가리 대가리를 세우는 일처럼 보잘것없는 일이라 할지라도 말이다.

새로운 도전은 새로운 완성을 향해 나아가는 시작이다. 나에게는 밸런싱 아트가 그러했고 그 안에서 새로운 시도를 멈추지 않고 있다. 그것이 나의 삶을 가치 있게 해주기 때문이다. 몇 시간씩 돌을 세우고 있는 모습 자체가 누군가에겐 바보스럽게 느껴질 수도 있다. 하지만 그것은 중요하지 않다. 나의 삶의 가치는 내가 정하는 것이고 나의 삶은 온전히 나의 것이기에.

삶이 머물러 있다고 생각된다면 당신의 '원츄'를 찾길 바란다. 난 그래서 오늘도 노가리 대가리 원츄!

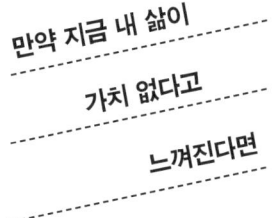

길을 가다가 버려진 깨진 화분을 발견했다. 역시나 세워보고 싶다는 생각이 들었다. 화분은 날카롭고 뾰족한 삼각형 모양으로 산산조각이 나 있었고, 그런 모습이 더 나를 끌어당겼다. 나는 깨진 화분을 집으로 가져와 자리를 잡고 앉았다. 이 화분을 예술품으로 완성하고 싶었다. 모서리가 날카로워 세우기에 어려웠지만, 여러 번 형태를 바꿔 시도하니 마침내 완성되었다. 처음엔 단순히 예쁜 작품이 나올 거라고 기대했는데 막상 중심을 잡고 나니 이런 감동이 밀려왔다.

'깨진 화분도 나에게는 예술이 될 수 있구나.'

우리는 종종 내 의지와는 상관없이 사람들에게 가치를 평가받는다. 하지만 그 가치는 누가 정하는 것일까? 남들이 판단하는 것일까, 아니면 나 자신이 정하는 것일까? 지금까지 살아오며 느낀 것은 나의 가치는 나 스스로 만드는 것이라는 점이다. 깨진 화분은 단지 원래의 기능을 잃었을 뿐, 새로운 시선으로 바라보면 그것조차도 또 다른 쓸모가 생긴다.

생각의 전환, 기존의 틀을 깨고 새로운 관점을 받아들일 때, 우리는 무가치해 보이던 것들도 가치 있게 만들 수 있다. 이는 우리 자신에게도 해당된다. 누군가에게 쓸모없다고 여겨진다고 해서 내가 가치 없는 존재가 되는 것이 아니다. 깨진 화분을 버린 사람에게는 더 이상 필요 없었을지 몰라도, 나에게는 그것이 멋진 예술 작품이 되었다.

가치란 고정된 것이 아니다. 얼마든지 변화할 수 있고, 다양한 쓰임새를 가질 수 있다. 온전한 화분만이 가치 있는 것은 아니다. 깨진 화분도 그 자체로 충분히 가치를 지닐 수 있다. 중요한 것은 나의 가치를 스스로 믿고 인정하는 것이다. 우리의 마음과 상태가 어떻든, 기분이 좋든 나쁘든, 안정되어 있든 불안하든, 우리는 그 자체로 여전히 가치가 있다. 늘 완벽하고 밝을 필요는 없다. 어떤 사람이 여름을 가장 가치 있는 계절로 여긴다고 해서 겨울의 가치가 사라지지 않는 것처럼.

우리의 삶도 마찬가지다. 마음이 따뜻한 봄일 때도 있고, 열정적인 여름일 때도 있으며, 쓸쓸한 가을이나 차가운 겨울일 때도 있다. 하지만 그 모든 순간은 우리 인생의 일부이며, 변화를 겪는 과정일 뿐이다. 만약 지금 내가 가치 없다고 느껴진다면 그것은 단지 내 삶이 다른 계절을 맞이하고 있는 것뿐이다. 내가 선호하지 않는 계절일지라도 그 시간도 의미가 있다. 봄이 오기 전, 추운 겨울을 견뎌내야만 봄을 맞이할 수 있다.

우리 삶에서 가치 없는 시간은 없다. 나의 가치를 스스로 함부로 판단하고 포기해서는 안 된다. 그리고 다른 이들의 가치도 결코 쉽게 평가해서는 안 된다. 우리 각자는 저마다 다른 계절을 지나가고 있을 뿐이며, 각자의 계절 속에서 모두 나름의 가치를 지니고 있다.

길가에 깨져 버려진 화분을 수없이 지나쳤다. 하지만 깨진 화분을 집으로 가져온 것은 이번이 처음이었다. 아마도 그 깨진 화분의 계절과 내 삶의 계절이 맞아떨어졌기 때문일 것이다. 누군가가 나에게 무가치하다고 말해도 내 가치는 사라지지 않는다. 때가 되면, 내 가치를 알아보고 소중히 여겨줄 사람이나 환경을 만날 것이다. 그러니 세상이 나를 어떻게 평가하든 흔들릴 필요는 없다. 심지어 좌절하더라도 괜찮다. 그 좌절조차도 나에게는 의미 있고 가치 있는 시간이다. 우리의 삶에 가치 없는 순간이란 없고, 우리 자신이 가치 없는 때도 없다.

설령 온전한 화분에서 깨진 화분이 되더라도 그 자체로 가치 있게 살고자 단단히 마음먹자. 봄이 지나면 여름이 오고, 가을과 겨울이 지나면 또다시 봄이 온다. 어떤 계절이든, 포기하지 않고 이겨낸다면 결국 우리는 우리만의 계절을 맞이하게 될 것이고 우리의 가치는 그때 빛을 발할 것이다.

질투는
나를 완성하는
조각칼이다

살면서 누구나 질투라는 감정에 사로잡힐 때가 있다. 특히 주변을 둘러보면 모든 사람이 나보다 더 나은 위치에 있는 것처럼 보일 때, '왜 나만 이럴까?'라는 생각에 답답함과 분노가 몰려온다. 그럴 때면 남의 성취를 보고, 부러움을 넘어 무너뜨리고 싶은 충동이 일어날 수도 있다. 하지만 그 감정은 결국 나 자신을 무너뜨릴 뿐이다.

질투는 사실 자연스러운 감정이다. 하지만 이 질투는 우리에게 중요한 깨달음을 줄 수 있는 도구이기도 하다. 입체적인 작품을 깎아내는 조각칼처럼 말이다. 흔히 우리는 타인의 성공이나 단단한 중심을 보며 '저 사람은 참 운이 좋았을 거야' 혹은 '저 사람은 타고난 게 많아서 그런 거야'라고 속단할 수 있다. 그러나 그들은 절대 쉽게 그 자리에 오르지 않았다. 그들이 세운 성공은 수없이 무너지고 다시 쌓아 올린 과정의 결과물이다.

삶의 중심을 잘 잡고 사는 사람들의 모습이 부럽고 질투가 날 때 우리는 그들의 겉모습만 보게 된다. 그러나 겉으로 보이는 안정감과 성공 뒤에는 수없이 실패하고 넘어졌던 순간들이 숨겨져 있다. 완벽한 중심을 가진 것처럼 보이는 사람도, 그 과정을 들여다보면 우리가 예상하지 못한 고난과 좌절을 가지고 있다.

그럼에도 우리는 종종 질투심에 눈이 멀어 남의 중심을 무너뜨리고 싶은 충동에 휩싸인다. 대체 왜? 이는 나 자신의 불안정한 중심에서 비롯된다. 흔들리는 나의 중심이 더 단단한 중심을 가진 타인 앞에서 위축되며 질투와 시기의 감정으로 표출되는 것이다. 그렇다면 이 감정을 어떻게 다스려야 할까? 방법은 간단하다. 타인을 무너뜨릴 것이 아니라, 나 자신을 먼저 다듬고 깎아내야 한다.

삶에서 중심을 세우는 과정은 마치 예술가가 돌을 깎아 아름다운 조각품을 만들어내는 것과도 같다. 처음부터 완벽한 조각품이 나오는 것은 아니다. 때로는 과감하게 깎아내야 하고, 때로는 미세한 부분을 조정하며 디테일을 살려야 한다. 이처럼 우리도 우리 삶의 중심을 완성하기 위해 스스로를 다듬어야 한다. 나의 부족함을 인정하고, 그 부족함을 메우기 위해 조금씩 노력해야 한다. 그런 노력이 없다면 질투의 노예가 될 뿐이다.

나의 중심 잡기 작업을 떠올려보자. 밸런싱 아티스트로서 돌을 쌓아 올리며 중심을 잡는 작업은 결코 한 번에 성공하지 않는다. 수없이 무너지고, 다시 쌓고, 돌을 붙들고 있는 시간이 길어지면 손과 발이 아프다. 어떤 때는 정말이지 허공에다 욕을 퍼붓고 싶다는 생각도 한다. 그러나 그 과정에서 배운 것은 중심을 잡기 위해 무너지는 과정이 필수적이라는 사실이다. 질투는 나를 넘어뜨리는 것이 아니라, 나를 더 단단하게 만들어주는 감정이 될 수 있다.

타인의 중심을 부러워하는 순간을 나의 중심을 단단하게 다듬는 기회로 삼자. 그들이 세운 중심을 무너뜨리고 싶은 충동이 생길 때마다, 그 충동을 나 자신을 깎아내는 조각칼로 사용하자. 중심을 세우는 과정은 나 자신을 끊임없이 다듬고 깎아내며 완성해 나가는 것이다.

질투가 생길 때, 그 감정을 인정하자. 그러나 그 감정에 빠져서 타인의 성취를 부정하지 말고, 오히려 그들이 어떤 과정을 거쳐 중심을 세웠는지를 배우자. 그들의 성공은 새로운 배움의 기회가 될 수 있다. 질투는 나를 무너뜨리는 도구가 아니라 나를 완성해 나가는 조각칼이다. 그 칼을 잘 사용하면 나만의 중심을 세울 수 있다.

삶이란 끊임없이 나의 중심을 찾아가는 과정이다. 누군가의 중심을 무너뜨리고 싶을 때, 그 대상은 타인이 아니라 나 자신이어야 한다. 나의 부족함과 나약함을 무너뜨리고 나만의 중심을 세워나가자. 스스로 처절하게 무너져 보아야 한다. 그 과정에서 비로소 우리는 더 단단해지고 더 성숙해진다.

모든 사람은 각자 자신의 중심을 찾고 있다. 나의 중심은 오직 나만이 완성할 수 있다. 다른 사람의 중심을 부러워하지 말고, 나만의 중심을 세워나가는 데 집중하자. 질투는 나를 나약하게 할 수도 있지만, 반대로 나를 더 강하게 단련시킬 수도 있다는 점을 잊지 말자. 질투를 단순한 감정으로 끝내지 말고, 나를 완성해 나가는 중요한 도구로 사용하자. 그럴 때, 우리는 비로소 나만의 중심을 잡고 살아갈 수 있다.

■ 돌 쌓기의 정석 ■

본격적으로 돌을 쌓으려는 초심자를 위한 조언

제4강
바라보기

내가 쌓은 것을 바라본다

● 모든 고난이 끝났습니다. 완성된 돌탑을 보고 있으면 정말이지 땅이 꺼져라 안도의 한숨이 저절로 쉬어질 겁니다. 정말로 내가 세운 것인지 의심이 들 정도로 우아한 자태에 압도되어 멍하니 바라만 보게 될 겁니다. 그래서 전 늘 돌을 다 쌓은 뒤 그것을 한동안 지긋이 바라봅니다. 이 잠깐의 시간을 위해 쏟아부은 과거의 시간들이 스쳐 지나갑니다. 힘겹게 돌을 쌓아올릴 땐 우주에 혼자 남겨진 미아 같았다면, 다 쌓고 난 뒤엔 마치 그 우주에서 오직 나만이 할 수 있는 것을 해낸 것 같은 개선장군 같죠.

● 이런 뿌듯함과 자축이 계속 이어지다 어느 순간 모든 것이 잠잠해지기 시작합니다. 현실 속 나처럼 외로이 우뚝 서 있는 돌탑의 모습이 보이기 시작합니다. '외롭다.' 땅 위에서 위태롭게 중심을 잡고 있는 그 모습이 마치 또 다른 나를 대면한 것 같습니다. 그러곤 깨닫습니다. 결국 이 작업은 누군가에게 뽐내기 위함도, 무언가를 누리기 위함도 아닌 오로지 나 자신과의 싸움이며 공부이고 완성이었다는 것을.

● 아슬아슬한 중심으로 여러 개의 돌이 땅 위에 서 있는 모습은 내가 이미 큰 성공을 거둔 것처럼 느끼게 해

주기도 하지만, 이와 동시에 금방이라도 무너지지 않을까 하는 불안감도 줍니다. 이미 내 손을 떠났기에 이 불안한 마음은 더욱 날카로워집니다. 그래도 어쩔 수 없습니다. 이 돌탑은 이제 내 것이 아니니까요.

돌 다섯

내 손끝을 스쳐 간 수많은 돌들에게

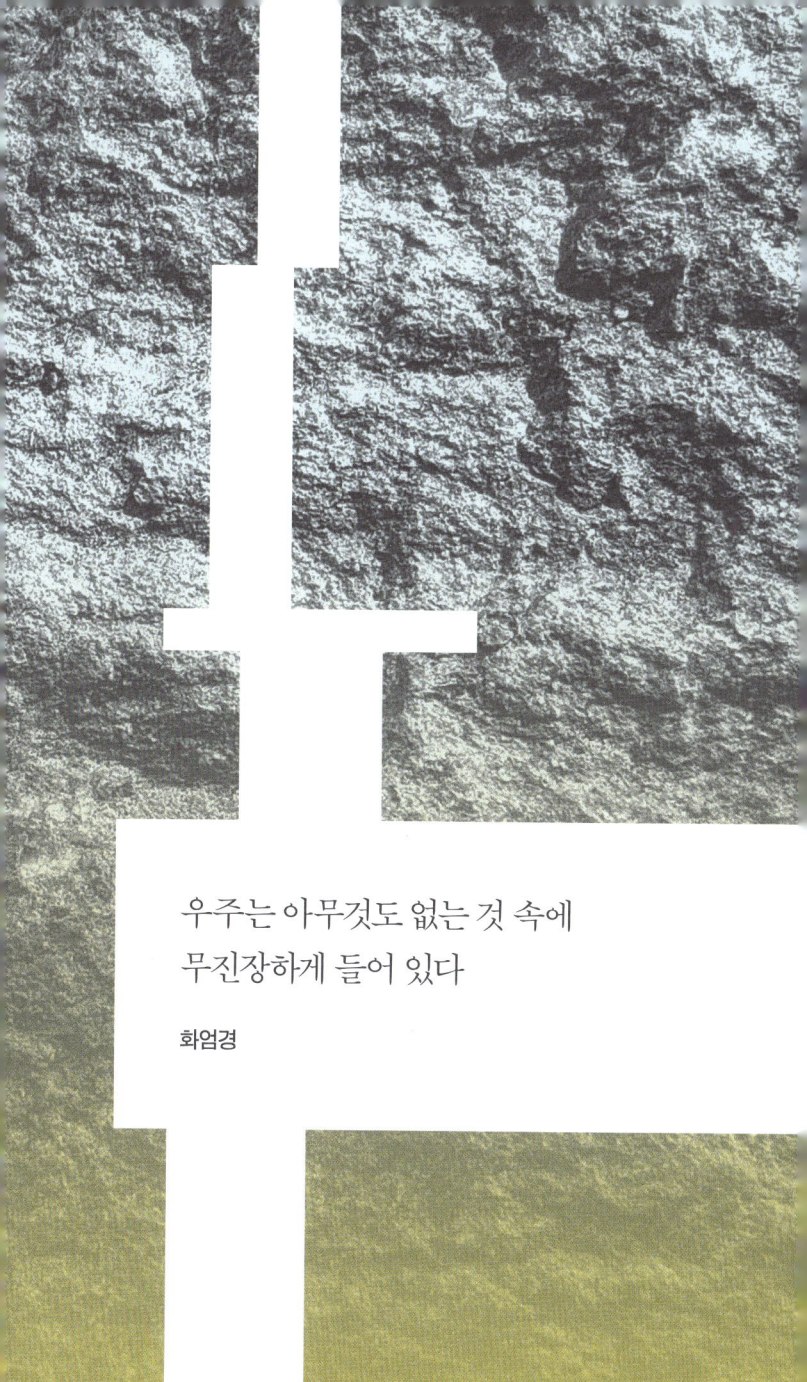

우주는 아무것도 없는 것 속에
무진장하게 들어 있다

화엄경

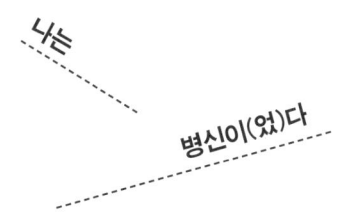

나는 병신이(었)다

시간이 지나며 조금씩 변화가 찾아왔다. 하루하루 병을 세우는 훈련을 거듭하면서 그 중심을 잡아가는 과정을 통해 나 자신을 바로 세우기 시작했다. 병을 세우기 위해서 그 안에 들어가는 미세한 힘의 조절, 시선의 집중, 그리고 마음의 평정은 나에게 정신 수양의 일환이 되었다. 내 삶에서도 균형을 찾기 위한 과정이 바로 이 작업과 다르지 않음을 깨달았다. 그렇게 나는 조금씩 '병신'의 상태에서 벗어나기 시작했다. 비록 여전히 나의 부족함이 남아 있었지만, 더 이상 방황하지 않고 스스로 중심을 잡아가려 노력하는 나 자신을 발견했다.

하루는 병 네 개를 동시에 세우고 있었다. 각 네 병의 무게중심을 찾아 쌓는 일은 여간 어려운 일이 아니었다. 숨을 너무 참아 두통이 올 정도였으니 말이다. 이런 나의 노력을 알아주기라도 한 걸까? 어느새 병들은 흔들림 없이 균형을 잡고 있었다. 크게 놀랄 만큼 정교한 작업이었고, 그 순간 나는 스스로가 조금 대견하게 느껴졌다.

그 장면을 우연히 목격한 한 지인이 나를 향해 웃으며 말했다. "야, 이건 거의 신神의 경지야. 병을 세우는 신, 병신이네!" 처음에는 그 말에 깜짝 놀랐다가, 이내 그 기발함에 웃음이 터졌다. 그는 나를 농담 삼아 병신이라 불렀지만, 그 말에는 깊은 의미가 담겨 있었다. 나는 한때 정신적으로 방황하고, 나 자신의 부족함에 갇혀 있던 병신이었지만, 이제는 중심을 잡아가며 자신을 세우는 병의 신, '병신'으로 성장한 셈이었기 때문이다.

나는 내가 병을 세우는 모습을 유튜브 영상으로 찍어보았다. 병들이 균형을 잡고 서 있는 그 장면을 보며 묘한 성취감이 몰려왔다. 나 자신을 돌아보며, 처음에는 단순한 놀이처럼 시작했던 이 작업이 내 삶의 중심을 잡는 중요한 연습이 되었음을 느꼈다. 한때 나는 병신이었지만 부족함을 인정하며 그 자리를 탈출해 나왔고, 이제는 삶의 중심을 잡으며 병 세우기 신으로 거듭난 것이다. 나는 그 영상의 제목을 '나는 병신이다'라고 붙였고, 그 제목이 더 이상 나에게 모욕적인 말이 아닌, 오히려 자부심의 표현처럼 느껴졌다.

나는 과거에 나 자신만을 생각하고, 주변 사람들의 마음을 깊이 헤아리지 못한 채 살아왔다. 나의 이기적인 선택과 행동은 주변에 상처를 남겼고, 그 상처가 나에게도 깊은 흔적을 남겼다. 과거와 현재의 모습이 대조적으로 머릿속을 스쳐 지나가며 여러 가지 감정이 올라왔다.

이기적이고 앞뒤 분간하지 않고 무작정 내달리던 때에는 주변에 상처를 주고도 미안한지 몰랐다. 그저 그때의 모든 말과 행동들에 대해 '지금은 이게 최선이야'라며 자기합리화했다. 하지만 주어진 책임을 다하며, 중심을 잡고 삶을 살아갈 때, 우리는 그 자체로 완전함에 가까워진다. 그것이 내가 중심 잡기 작업을 하면서 비로소 알게 된 진실이었다.

네 개의 병을 하나의 중심으로 만들려면, 병들이 서로를 내세우지 않으면서 딱 맞아떨어진 중심점을 각자 내놓아야 한다. 내가 하는 일은 그런 중심점을 찾아주려고 고군분투하는 것이다. 이런 나의 태도를 보면 그 모습이 어색하기도 하고 감사하다는 생각이 든다. 예전 같았으면 모든 일을 내가 한 것이라고 떠벌리고 다녔을 테니까. 중심 잡기 작업은 특히 현재의 마음 상태가 큰 영향을 끼치기 때문에, 과거처럼 이기적인 마음으로 임한다면 절대로 작업을 완성할 수 없을 것이다.

서로 다른 사물의 무게중심이 맞물려 본래 하나인 것처럼 바로 세워지는 밸런싱 아트. 누구 하나 이기적으로 자신을 내세운다면 가차 없이 무너져 버리는 냉정한 작업.

중심 잡기 작업을 할 때, 단번에 중심이 찾아지는 경우는 없다. 우리의 삶은 그런 요행을 기대하며 살아갈 수 없다. 냉정한 현실은 늘 한결같은 모습으로 꾸준한 결과를 원하기 때문이다. 불안정한 상태로는 말 그대로 안정적으로 무언가를 이루어 나갈 수 없다. 여기서 중요한 것은 그러기 위해서 우린 부딪힘을 피하면 안 된다는 것이다.

그렇다. 우리가 사는 이 현실은 수많은 형태의 마음과 색깔을 지닌 사람들이 함께 살아가고 있다. 고로 우리 삶에서 타인과의 마찰은 피할 수 없다. 각자가 지닌 생각과 방향성이 다르기 때문에 서로의 무게중심이 맞물려 돌아가는 것이 매우 중요하다. 서로 다른 사물들이 맞물리며 하나가 되는 중심 잡기 작업처럼 말이다.

밸런싱 아트는 불안정의 세계에서 안정의 세계로 안착하는 게 원리다. 우리의 삶에 있어 타인과의 마찰은 모든 것들이 더욱 잘 흘러가며 한 발짝 더 나아가기 위해 생기는 자연스러운 현상이다. 그것을 피한다면 우리의 상황은 오히려 퇴보하게 된다. 중심 잡기 작업을 할 때 부딪힘은 필수이며 부딪히고 또 부딪히는 순간들이 모이고 모여 서로가 맞물려 네 개의 병처럼 세워진다. 부딪히고 또 부딪히는 삶의 수많은 순간이 모이고 모여 관계가 맞물리면서 우리의 삶도 중심이 잡히는 것이다.

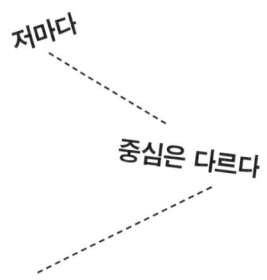

세상에는 수많은 존재가 있다. 너와 나, 우리와 너희, 인간과 자연, 그리고 동물들까지. 각자가 이 세상에 태어나서 살아가는 동안 겪고, 버티고, 이겨내며 만들어가는 삶의 모습은 그 누구도 같지 않다. 이 세상에서 각자가 살아가며 깎고 다듬은 중심 역시 제각기 다를 수밖에 없다.

내가 지금껏 밸런싱 아트로 완성한 작품만 해도 비공식적인 것을 포함해 1000개는 거뜬히 넘는다. 그 수많은 작품 중 어느 하나 똑같은 것이 없다. 돌의 모양이 비슷한 것처럼 보여도 막상 돌과 돌을 맞대면 닿는 면이 완전히 달랐고, 무게가 비슷한 것 같아도 손으로 전달되는 무게중심은 제각각이었다. 그래서인지 쌓는 일은 매번 사물의 중심을 이해하려고 노력하는 것의 연속이었다.

세상에 존재하는 것들에 대해 우리가 진정으로 이해하고 있는 부분은 얼마나 될까? 아니, 다른 것은 차치하더라도 나 자신을 얼마나 이해하고 수용하고 있을까? 사실 매일의 삶이 버거운 우리는, 나의 삶조차 온전히 이해한다는 것이 쉽지 않을 것이다. "내가 너를 모르는데, 넌들 나를 알겠느냐?" 이 옛 노래의 가사가 문득 떠오른다. 그렇다. 세상은 우리에게 듬직하고 포용력 깊은 아량을 원하지만, 나이가 들수록 타인을 이해한다는 것은 점점 더 어려워진다. 아니, 어쩌면 이해하려는 노력조차 하지 않게 되는 것일지도 모른다.

'나도 나를 다 이해할 수 없는데, 과연 누가 내 인생을 다 이해할 수 있을까?' 그 누구도 나의 삶을 온전히 알지 못한다는 생각이 점점 깊어졌다. 그리고 마찬가지로 나는 이제 더 이상 타인의 삶을 전부 이해한다고 감히 말하지 않게 되었다. 한 사람의 인생, 그것은 결코 가볍지 않다. 각자 걸어온 여정은 위대하고 그 과정에서 지켜온 삶의 중심은 무겁고 값지다. 그리고 그것은 그 어떤 예술 작품보다도 소중한 그 사람만의 밸런싱 아트다.

우리는 각자의 삶에서 밸런싱 아티스트다. 누구나 자신에게 주어진 삶을 두 손으로 붙들고, 때로는 무너져도 다시 세우며 중심을 잡기 위해 애쓴다. 그 과정에서 완성된 중심은 사람마다 다를지 모르지만, 그 가치는 다르지 않다. 그래서 비록 서로를 온전히 수용할 수는 없어도, 어느 정도 이해할 수 있는 지점이 생긴다. 타인의 감정, 상처, 깨달음, 그리고 철학은 그 사람만의 것이지만, 우리는 그 깊이를 보고 느낄 수 있다. 겉모습이나 결과는 다를지 몰라도 결국 우리는 모두 삶이라는 무대를 책임지며 중심을 잡고 나아가려는 같은 목표를 가지고 있다.

나이, 인종, 국가, 종교를 떠나 우리는 모두 같은 테두리 안에서 살아가고 있다. 그렇기에 서로의 다름을 존중하고 이해하는 것은 필수적이다. 우리는 각기 다른 삶을 살아왔지만, 궁극적으로 같은 방향을 향해 나아간다. 다름을 인정하는 것이야말로 이해의 시작이다. 누가 더 잘났고, 누가 더 못났는지는 그다지 중요하지 않다. 그저 우리는 다를 뿐이며 서로의 다름을 받아들일 때 진정한 이해가 가능해진다.

나는 가끔 돌들이 수없이 펼쳐진 곳에서 밸런싱 아트를 한다. 그 돌들을 보면 각기 다른 색감과 형태, 표면에 새겨진 주름까지 모두가 다르다. 그 돌들은 분명 각자 다른 길을 거쳐 그곳에 도달했을 것이다. 그런데도 그 돌들이 하나가 되어 완성되는 중심을 볼 때마다 나는 '다름' 속에서 찾아낸 '중심'의 가치를 깨닫게 된다. 돌들의 무게와 형태는 모두 다르다. 하지만 그 다름을 인정하고 받아들일 때, 각기 다른 중심을 찾아내고 그것을 바로 세울 수 있다. 이것이 내가 이해하는 '이해'라는 것이다. 다름을 인정하고, 그 다름을 그대로 받아들이는 것.

분명 우리는 다르다. 하지만 다르지 않다. 저마다의 중심은 다르지만, 우리는 그 중심을 맞추어 나간다. 비록 우리는 서로를 온전히 받아들일 수 없을지 몰라도, 각자의 중심을 내어주며 새로운 중심을 찾을 수 있다. 그리고 그 노력 자체가 바로 진정한 이해의 시작이다. 우리가 함께 나아갈 수 있는 이유는, 우리의 삶이 결국 다르지 않기 때문이라고 생각한다. 모두가 먹고 살기 위해, 책임을 다하기 위해, 그리고 꿈을 이루기 위해 나아가는 여정을 걷고 있다. 이 단순한 사실을 잊지 않는 한 우리는 서로를 있는 그대로 받아들일 수 있다.

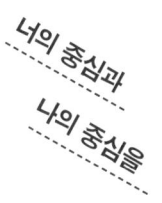

맞춘다는 것

세상을 살아가다 보면, 인간관계만큼 어려운 것도 없다는 걸 깨닫게 된다. 아마 이 말에 공감하지 못하는 사람은 없을 것이다. 인간은 서로 얽히고설키며 세상을 만들어가는 존재다. 그만큼 다양한 사고와 방식을 가진 수많은 인간이 서로 맞물려 돌아가는 세상에서 인간관계를 피할 수 없다.

치우치지 않는 관계를 유지하려면 중심이 그만큼 중요하다. 저울의 균형처럼 중심을 잘 잡지 않으면 한쪽으로 기울어 관계가 종속적으로 변하거나 아예 무너져 버린다. 인간관계 속에는 항상 양면성이 존재한다. 쉽게 말하면 선과 악, 느림과 빠름, 진실과 거짓 등으로 나눌 수 있는데, 그 양면의 균형을 잘 유지할 때 관계의 문제들이 잡혀간다. 너무 착해도 바보 같다는 말을 듣는 것이 우리 삶이다. 너무 악하면 말 그대로 '빌런'이라는 소리를 듣는다. 너무 급해도 일을 그르치고 너무 느리면 답답하다. 진실된 것은 중요하지만 때론 악의 없는 거짓도 세상엔 필요한 법이다.

나 역시 오랫동안 이런 문제로 고민해왔다. 내가 추구해온 예술 활동과 나만의 철학을 고수하던 나에게, 타인과의 관계 속에서 균형을 맞추며 살아가는 일이 얼마나 섬세하고 어려운지 깨달은 것은 그리 오래되지 않았다. 그때부터 나는 본격적으로 중심 잡기 작업에 몰두하게 됐다. 여러 사물의 중심을 잡는 일은, 인간관계 속에서 치우치지 않는 균형을 유지하는 것과 비슷했다. 사물 하나하나의 중심을 찾고, 그 중심이 어느 한쪽으로도 치우치지 않을 때 비로소 완성되는 것처럼, 인간관계에서도 우리는 치우치지 않는 균형을 찾아야 한다.

회사생활을 시작하며 이 중심 잡기 작업에 더욱 몰두하게 된 이유도 바로 여기에 있다. 어떤 예술 활동보다 균형을 잡아가는 행위에 있어 너무나 직접적으로 그 과정과 결과가 드러났다. 아주 살짝만 무게중심이 치우쳐도 눈앞에서 바로 무너지는 광경을 보고 있으면, 허탈했지만 그다음에는 어떻게 해야 할지 조금은 알게 되었다. 그러다 그 미세한 오차를 줄이면서 돌이 서로 맞물리는 중심을 찾아 바로 세웠을 때 느껴지는 중심의 가치는 말로 다 표현할 수 없을 정도였다. 이 과정은 단순한 예술적 행위가 아닌, 삶과 인간관계에서 균형을 잡아가는 법을 배우는 수업이었다.

우리가 인간관계에서 균형을 잃는 이유는 대개 이기심과 욕심 때문이다. '미꾸라지 한 마리가 강물을 흐린다'라는 말처럼, 자신만의 이익을 위해 전체를 무시하는 이기적인 행동이 균형을 깨뜨리는 원인이 된다. 자신의 욕심과 이익만을 좇는 사람들은 결국 관계에서 고립될 수밖에 없다. 나 또한 한때 그랬다. 나 자신만을 위해 살아가며, 나의 세상과 나의 철학만을 중시했다. 나의 세계 속에서 중심을 찾는다고 믿었지만, 결국 나만 남는 상황에 이르렀다.

'일단 내가 살고 보자.'
'내가 더 중요하다.'

나는 전체보다 나의 세계, 나의 개똥철학이 더욱 중요했기에 물을 흐리는 미꾸라지처럼 살았다. 묵묵히 노력하며 자기의 삶을 살아가는 분들의 순수한 마음을 어느 순간 알아차린 후로는, 그동안 나만 생각했던 시간들이 부끄럽게 느껴졌다. 나로 인해 누군가에게 더 이상 피해를 주고 싶지 않았다. 그래서 더욱 치우치지 않는 마음의 균형을 잡기 위해 노력했다.

인간관계에서 우리는 중심의 양면성에 치우치기 쉽다. 그 치우침이 오래 지속되면 결국 혼자 남게 될 것이다. 세상은 혼자 살아갈 수 없고, 그 때문에 인간관계에서 치우치지 않는 균형을 유지하는 것이 중요하다. 그것이야말로 우리가 인간관계에서 중심을 잡아야 하는 이유다.

여전히 나는 중심 잡기 작업을 하며 깨닫는다. 서로 다른 사물들이 중심을 찾아 하나로 맞물릴 때, 그것이 얼마나 중요한지를. 그리고 그 모습을 보며 생각한다. 인간관계에서도 서로의 욕심과 이기심을 버리고, 치우치지 않는 중심 속에서 조화롭게 살아가는 것이 얼마나 중요한지를.

인간의 중심, 중심의 인간

  우리 각자가 잘 갈고닦은 중심은 우리의 삶을 이끌어가는 힘이다. 그 중심은 개인의 삶뿐만 아니라 우리가 살고 있는 이곳을 조금 더 나은 세상으로 만든다. 개인의 중심이 모여 하나의 세상을 이룬다. 즉, 개개인의 중심이 바로 서야 이 세상의 중심도 올바르게 서게 된다.

  지금까지 밸런싱 아트를 통해 수많은 중심을 잡아왔다. 그 작품의 수는 이제 가늠하기도 힘들 정도다. 이 책을 여기까지 읽었다면 어느 정도 눈치챘겠지만, 사실 그 작품들의 중심은 다름 아닌 나 자신이었다. 나의 생각, 나의 마음, 나의 모든 것이 작업에 영향을 끼쳤고 그 방향성을 결정지었다.

이처럼 세상 모든 것은 연결되어 있다. 내가 지금 쓰고 있는 이 글 또한 세상에 나가 누군가에게 읽힐 것이며, 그 순간 나의 가치관과 생각이 공유된다. 나의 글이 누군가의 생각을 바꾸거나 새로운 영감을 줄 수도 있다. 그 순간, 나 역시 그 사람에게 영향을 받으며 변해간다. 과연 이 세상에서 누가 다른 사람의 영향을 받지 않고 살 수 있을까? 우리는 모두 서로 연결되어 있으며, 우리가 하는 생각과 말, 행동은 도미노처럼 주변으로 퍼져 나가 또 다른 영향을 미친다.

나의 삶은 결코 나만의 삶이 아니다. 나의 삶은 곧 전체의 일부이며 우리의 행동 하나하나가 세상에 영향을 미친다. 우리는 우리 자신의 가치관에만 갇혀 있을 수 없다. 세상은 혼자서 살아갈 수 없는 곳이다. 가끔 큰 권력과 돈을 가진 사람들 중에는, 마치 세상을 혼자 이끄는 것처럼 자신이 세상의 중심이라고 여기는 이들이 있다. 그러나 그들이 쥐고 있는 권력과 부는 결코 혼자서 얻은 것이 아니다. 그것은 수많은 사람의 노력과 역할이 맞물려 이루어진 결과물이다.

인간의 중심은 곧 전체의 중심이며, 그 중심에 인간이 있다. 과거에도, 현재에도, 미래에도 한순간도 빠짐없이 개개인의 중심은 세상에 영향을 미친다. 그렇기에 우리의 중심은 단순히 나의 삶만을 이끌어가는 것으로 끝나지 않는다. 나의 중심이 세상에 끼칠 영향까지 생각해야 한다.

우리는 각자의 산을 짊어지고 있다. 각자가 그 산의 주인이며, 그 산의 중심이다. 자신의 삶을 책임지고, 그만큼의 책임을 다하며 중심을 바로 세운다면 그것이 곧 세상의 중심을 바로 세우는 일이다. 결국, 세상을 생각하며 살아가라는 말은 거창한 것이 아니다. 그것은 곧 나 자신의 중심을 바로 세우라는 이야기다. 한 사람의 중심이 곧 세상의 중심이기 때문이다. 인간의 중심을 바로 세우는 것은, 중심에 선 인간으로서 살아가기 위한 우리의 사명이다.

한 치 앞도 보이지 않는 삶. 언제, 어떻게 될지 모르는 불확실한 미래 속에서도 우리는 중심을 잃지 않아야 한다. 마치 칠흑 같은 동굴 속을 헤치고 나아가다 보면 결국 한 줄기 빛을 마주하게 될 날이 올 것이다. 그때를 기쁘게 마주하기 위해, 새로운 세상의 중심이 되기 위해 멈추지 말아야 한다. 중심을 바로 세우고 세상을 향해 앞으로 나아가는 것이다.

이 땅에 태어나 인간의 중심, 중심의 인간이 되는 것, 그것이 곧 나의 사명이다.

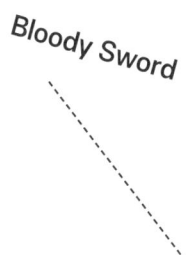

Bloody Sword

    누구나 가슴에 품고 있는 검이 하나씩 존재한다. 그 검은 아무런 영문도 모른 채 이 땅 위에 태어나 삶이라는 전쟁터를 헤쳐 나아가야만 하는 우리에게 필연적인 검이다. 또한 땀과 눈물로 자연스럽게 갈고닦아 완성되는 마음의 검이다. 누군가는 그 검으로 다른 사람을 죽이며 다른 누군가는 살린다.

    길고 긴 역사 속 욕심 많은 권력자의 검은 자신의 사리사욕을 위해 휘둘러졌다. 그리하여 다수의 눈에 피눈물을 흘리게 했다. 이와 반대로 그저 하루하루를 버티며 살아가기 위해 애쓰는 사람들의 검은 자신에게 주어진 책임을 다하기 위해 휘둘러졌다. 그리고 피눈물을 머금고 나아가게 해주었다. 소수의 권력자와 다수의 일반인 모두 피투성이의 검을 가지고 있지만, 누군가는 오로지 자신의 욕심을 위해 다른 누군가를 짓밟고 상처 입히며 피를 묻혔고, 누군가는 그 억울함과 부조리함을 이겨내고 버티기 위해 피가 묻었다.

  난 지금의 세상을 보면 마음이 아프다. 새벽 이른 시간의 지하철을 타고 칸 사이를 지나 걸어가다 보면, 자리에 앉아 있는 사람들의 얼굴에서 느껴지는 고독함이 깊게 다가온다. 지치고 쓸쓸해 보이는 그들의 축 처진 어깨를 보면 나도 힘들지만 어떻게든 힘이 되어주고 싶다는 생각이 든다. 어릴 때부터 난 그랬다. 일반적인 또래의 친구들처럼 무언가 빨리 성공하여 돈도 많이 벌고 좋은 차, 좋은 집 등을 가지고 싶다는 생각보다는 '왜 세상은 이런 모습일까?' 혹은 '왜 이렇게 흘러가는 걸까?'라는 생각을 많이 했다.
  지금도 여전하다. 나에게 성공이란 나 혼자 잘 먹고 잘 사는 것이 아니다. 내가 뭐가 그리 잘나서 이런 생각을 하는지 의문이지만, 이럴 때면 타고난 성향이라는 게 정말로 있는 것 같다. 그냥 나는 이렇다. 한순간도 머무름 없이 변하고 흘러가는 세상을 보고 있으면 집착할 것이 없다는 생각이 든다. 삶과 죽음의 경계가 찰나에 이루어진다. 그 아무리 크게 쌓아온 돈과 권력도 죽음 앞에선 신기루와 같다. 그러한 것들을 남보다 내가 더 갖기 위해 나의 검에 피를 묻히고 싶지는 않다. 오히려 나의 검을 그런 욕심 많고 자신밖에 모르는 사람들과의 전쟁에서 승리하는 데 쓰고 싶다.

검은 검이고 욕심은 욕심이다. 하지만 그 검이 향하는 욕심의 방향이 어디를 가리키느냐가 중요하다. 나의 검은 더 나은 세상을 위한 욕심으로 향한다. '감히'라는 말은 하고 싶지 않다. 무언가를 이루고자 하는 누군가의 욕심과 아무런 차이 없는 나의 욕심일 뿐이다. 그저 서로의 길이 다른 것일 뿐.

각자가 갈고닦아온 내면의 중심은 정말 무서운 힘을 가지고 있다. 그것은 보이지 않는 무형의 검과 같은 것으로 정해진 한계와 틀이 없기에 얼마든지 나아갈 수 있으며 어떻게든 쓰일 수 있다. 과학의 발전, 생각의 혁신, 새로운 문명과 정신의 탄생 등 한 시대의 변화는 늘 어느 한 사람들에 의해서 일어난다. 그만큼 한 사람이 갈고닦아온 중심이라는 검은 무서운 힘을 가지고 있다.

그러므로 우리는 자신의 중심에 대해서 깊이 있게 생각해 볼 필요가 있다. 오직 나만이 쓸 수 있는 마음의 검을 어떻게 갈고닦고 있는지, 그 검이 향하는 방향은 어디인지 생각하고 또 생각해 보아야 한다. 그 검 하나가 누군가를 죽일 수도, 살릴 수도 있으며 바꿀 수도 있다. 심지어 이 세상까지도.

지금 들고 있는 나의 검에 대해 생각한다. 그간 겪어왔던 수많은 고뇌와 아픔, 통증이 느껴진다. 세상과의 전쟁에서 흘린 피가 적지 않은 것 같다. 명검을 완성하기 위해 쉼 없이 두드려대는 대장장이의 망치질처럼 세상은 지금껏 끝도 없이 나를 두들겼지만 난 부러지지 않았다. 버티고 버텨 더욱 단련되어 강하게 완성되었다. 이 검이 명검인지 아닌지는 세상을 향해 휘둘러 봐야 알겠지만 적어도 나 자신만을 위해 쓰고 싶지는 않다. 세상의 덧없음과 허망함도 느껴봤고 소중함과 가치 또한 느껴보았다. 그렇기에 집착과 욕심을 내려놓고 더욱 소중한 것들을 위해 가치 있게 쓰이고 싶다.

누군가의 눈에 피눈물을 흘리며 자신의 욕심을 채워온 소수의 블러디 소드Bloody Sword가 깨어지길 바란다. 또한 다수의 블러디 소드가 세상을 향해 가치 있게 쓰이길 바라며 나는 오늘도 나의 블러디 소드를 단련시킨다.

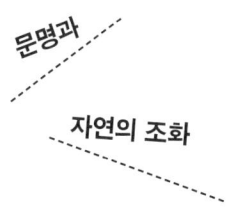

문명과 자연의 조화

오늘 아침, 출근길에 카페에서 테이크아웃으로 커피를 받아들고 사무실로 들어왔다. 예전 같았으면 아무런 생각 없이 플라스틱 컵을 손에 쥔 채 하루를 시작했겠지만, 오늘은 뭔가 달랐다. 뉴스에서 들은 '일회용 플라스틱 사용 금지'에 대한 이야기가 계속 머릿속에 떠오르면서, 손에 들린 커피 컵이 마치 나를 쏘아보고 있는 것처럼 느껴졌다. 환경 보호를 위해 일회용품 사용을 줄여야 한다는 사실은 너무나도 익숙한데, 문명의 편리함에 젖어 너무 쉽게 그걸 무시하며 살아간다.

전 세계적으로 일회용품 사용을 줄이자는 캠페인이 펼쳐지고 있지만, 일상에서는 개인의 편리함이 우선이 되는 경우가 많다. 나도 너무 익숙해진 나머지 환경 보호라는 큰 그림을 간과하고 있었다. 이제는 나도 환경에 대해 더 많은 생각을 해야 할 나이라는 것을 실감한다. 앞으로 살아갈 사람들에게 좋은 환경을 물려줘야 하기에.

  우리는 지금 과거와는 상상도 할 수 없었던 최첨단 문명의 혜택을 누리며 살고 있다. 스마트폰 하나로 전 세계인과 소통하고, 최신 정보를 손쉽게 얻으며, 지구 반대편에 있는 친구와도 실시간으로 영상 통화를 할 수 있다. 이러한 문명의 발전은 우리 인간이 자신을 위해 끊임없이 연구하고 노력해온 결과다. 우리는 이 발전된 문명의 편리함을 누리며 살아가지만, 정작 그 문명이 어디에서 시작되었는지, 그리고 어떻게 유지되고 발전될 수 있는지는 크게 관심을 두지 않는다.

  그런 의미에서 한 번쯤은 자연을 돌아볼 필요가 있다. 자연은 그저 우리가 잠시 도심 속에서 벗어나 위안을 얻기 위해 존재하는 것이 아니다. 우리가 발 딛고 서 있는 땅,

숨 쉬고 마시는 공기, 눈앞에 펼쳐진 하늘과 바다, 매일 떠오르고 지는 태양과 달, 대지와 산, 그리고 울창한 숲까지, 이 모든 것은 우리가 생명을 유지하고, 살아갈 수 있게 하는 필수적인 존재들이다. 자연이 없으면 인간의 삶도, 우리가 이룩한 문명도 존재할 수 없다. 너무도 당연한 사실이지만, 이 중대한 진리를 망각한 채 인간은 종종 자신을 세상의 중심이라고 착각한다.

인간은 대자연 속에서 살아가면서도 마치 자연이 우리 인간을 위해 존재하는 것처럼 여기는 경향이 있다. 문명의 재료조차도 자연에서 가져온 것임을 잊고, 그것을 당연하게 생각한다. 자연은 우리에게 자신을 내어주고 있으며, 그것은 자연의 선택이 아닌, 우리가 그저 무심코 소비할 뿐이다. 자연재해 앞에서 인간이 이룩한 문명은 한순간에 무너진다. 예고 없는 소나기 한줄기에 모든 것이 흩어질 수도 있다. 자연 앞에서 우리는 아무것도 아닌 존재임을 깨달아야 한다.

자연은 나에게 가장 큰 스승이자 어머니, 아버지와도 같다. 인간은 누군가 자신을 해치려 하면 즉각적인 반응을 보이지만, 자연은 그렇지 않다. 그러나 그 침묵이 우리에게 경고하는 바는 크다. 자연은 우리에게 끊임없이 기회를 준다. 그럼에도 불구하고 우리는 여전히 자연을 단지 우리의 배경으로 여기며, 자신이 세상의 중심이라고 착각한다.

우리가 명심해야 할 것은 이 세상은 우리 인간을 위해 존재하는 것이 아니라는 사실이다. 자연은 인간 이전에도 존재해왔고, 그 덕분에 우리가 존재할 수 있는 것이다. 우리는 자연의 일부이며, 자연이 없으면 우리 역시 존재할 수 없다. 이 깨달음 앞에서 우리는 겸손해져야 한다. 더 이상 이기심과 욕망에 사로잡혀 살아가서는 안 된다. 자연은 우리에게 삶을 선사하지만, 우리는 그 선물의 진정한 가치를 깨닫지 못하고 있다.

우리가 누리고 있는 모든 문명의 혜택은 우리 것이 아니다. 그 혜택은 자연이 우리에게 빌려준 것이며, 언젠가는 다시 자연으로 돌아갈 것이다. 우리는 문명의 발전을 자랑스럽게 여기지만, 그 문명의 근간이 되는 자연을 잊어서는 안 된다. 자연이 없었다면 문명도 없었다.

잔잔한 호숫가에 돌을 던지면 수면이 일렁인다.
그러곤 이내 다시 잔잔해진다.
말 그대로 자연스럽다.

산에 가서 산을 보고 바다에 가서 바다를 보고 가만히 고개를 들어 하늘을 보면, '텅 비어 있는 나'를 느낀다. 자연은 무언가를 더 이루려고, 더 쌓아가려고, 더 가지려고 애쓰지 않는다. 늘 비어 있다. 언제나 무언가의 바탕으로 존재한다. 내 삶도 그렇게 되고 싶다. 누군가의 바탕이 되고 싶다.

타인의 말이
자꾸만 내 중심을
무너뜨린다면

살아가면서 한 번쯤은, 아니 수없이 많이 우리는 타인의 말이나 행동으로 인해 중심이 흔들리는 경험을 한다. 그들이 던진 말 한마디, 혹은 그들이 바라보는 시선 하나가 너무나도 쉽게 나를 무너뜨린다. 내가 공들여 쌓아온 것들이 그 말과 시선 속에서 사라져버리고, 그 순간 나는 다시 바닥에 주저앉는다. 타인의 기대와 실망, 나를 향한 비판은 때로 내가 이루어온 모든 것을 부정하는 듯 느껴지기도 한다. 그 중심이 무너질 때마다 우리는 어떻게 다시 일어설 수 있을까?

우선 나의 말에 공명해줘야 한다. 타인으로 인해 무너진다는 것은 꼭 부정적인 상황만을 뜻하는 건 아니라는 사실을 말이다. 그것은 삶에서 매우 흔한 일이고, 누구나 겪을 수밖에 없는 통과의례다. 어릴 적부터 우리는 부모님의 기대, 친구들의 평가, 그리고 학교에서 선생님들의 판단 속에서 자랐다. 그리고 사회에 나와서도 우리는 여전히 주변의 눈치와 평가 속에 살아간다. 그들이 나에게 품은 기대가 무너질 때마다, 나는 나 자신이 실패한 것처럼 느낀다. 내가 진심을 다했음에도 불구하고 그들이 실망했을 때, 내 중심은 너무나도 쉽게 무너진다. 그리고 나는 이런 생각을 하게 된다.

'내가 정말 잘못 살고 있는 걸까?'

중심을 무너뜨린다는 것은 꼭 내가 잘못해서 일어나는 일이 아니다. 사실 많은 경우가 나를 향한 타인의 기대와 나의 실제 모습이 어긋났을 때 벌어진다. 그들이 나에게 기대하는 모습과 내가 실제로 걸어온 길이 다를 때, 그 차이는 곧 비판이 되고, 그 비판은 나를 흔든다. 나의 가치, 나의 존재가 그들의 눈에 쓸모없게 보이는 순간, 우리는 곧잘 그들의 판단에 휩쓸려 자신을 잃어버리곤 한다.

우리는 모두 타인과의 관계 속에서 살아간다. 타인의 평가, 인정, 그리고 사랑이 우리에게 주는 힘은 강력하다. 하지만 그만큼, 타인의 말과 행동은 우리의 중심을 무너뜨리기도 한다. 그들이 나를 인정해주지 않으면, 나는 내가 이룬 모든 것이 부정당하는 기분이 들고, 그들이 나를 떠날까 두려워 내 중심을 더 굳건히 세우려 하지만, 오히려 그럴수록 중심은 더 쉽게 무너진다. 그때마다 이런 물음이 불쑥 올라올 것이다. "나는 왜 그들의 말에 이렇게 흔들릴까?"

타인의 말은 삶을 흔들고 때로는 무너뜨리지만, 무너짐은 곧 새로운 시작을 의미하기도 한다. 내가 통제할 수 없는 타인의 기대와 평가로 인해 내 삶이 뒤흔들리는 순간을 맞닥뜨릴 때, 우리는 그 무너짐을 부정할 필요가 없다. 무너지는 것은 잘못된 것이 아니다. 오히려 그것은 중심을 다시 세울 기회가 된다. 그들이 바라본 나의 모습이 아니라, 내가 진정으로 원하는 나의 중심을 찾는 순간이기 때문이다.

단언컨대 무너짐은 두려운 일이 아니다.
그것은 내 삶을 다시 돌아볼 기회다.

타인의 말이 나를 쓰러뜨릴 때, 비로소 자신에게 다시 물을 수 있다. "내가 진정 원하는 중심은 무엇일까?" 그들이 기대한 모습이 아니라, 내가 스스로 만들어온 나만의 중심을 찾는 것이야말로, 타인에 의해 무너진 중심을 다시 세우는 길이다. 타인으로 인해 무너졌을 때, 우리는 그 무너짐 속에서 나의 진짜 중심을 발견하고, 그곳에 다시 서야 한다. 그것이 당신과 내가 해야 할 일이다. 그 순간에 다른 일은 필요 없다.

타인에 의해 중심이 무너진다는 것은 때로는 참을 수 없는 고통처럼 느껴진다. 그들의 실망이나 비판, 그리고 때로는 애정 없는 시선 속에서 나 자신이 쓸모없게 느껴지기도 한다. 하지만 그 순간에 우리가 할 수 있는 가장 중요한 일은 그들의 말 속에서 허우적거리다 나를 잃지 않는 것이다. 그들이 나를 어떻게 보든, 나 자신이 무너지지 않기 위해서는 타인의 기대를 내려놓고 나를 찾아야 한다.

우리의 삶은 언제나 타인과 함께하지만, 결국 나의 중

심은 나만이 세울 수 있는 것이다. 타인에 의해 무너졌을 때, 그 무너짐을 지나 나 자신에게 진정한 질문을 던질 기회를 가져야 한다. "나는 무엇을 위해 여기까지 왔는가?" 이 질문에 답을 찾는 순간, 다시 일어나 무너졌던 중심을 재정비할 수 있을 것이다.

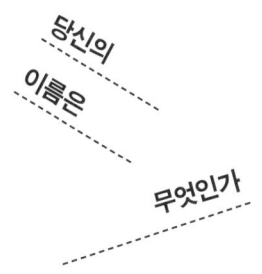

나의 이름은 엔소울 nSOUL이다.

이 이름은 내가 나를 찾아가는 과정에서 스스로 선택한 이름이다. 부모님이 지어주신 이름이 있지만, 그 이름은 나의 의지와는 무관한 것이다. 내가 태어날 때 부모님의 바람과 기대가 담긴 이름이지, 내가 선택한 이름은 아니라는 의미다. 그래서 나는 나의 삶을 살아가면서 나만의 이름을 찾고 싶었다. 그렇게 선택한 이름이 바로 nSOUL이다.

'n'은 자연수처럼 정해지지 않은 가능성을 의미한다. 또한 자동차 기어에서 중립을 뜻하듯이, 나는 이 이름에 치우치지 않는 삶에 대한 다짐을 담았다. 'SOUL'은 영혼, 나의 본질을 의미한다. 즉, 'nSOUL'은 자유롭고 유연하게, 어떤 고정된 틀에 갇히지 않고 나의 영혼을 따라 살아가겠다는 나의 의지를 상징한다. 이 이름을 선택한 지 벌써 10년이 훌쩍 지났지만, 지금에서야 비로소 그 이름답게 살고 있음을 느낀다.

내가 밸런싱 아티스트가 되고 싶었던 것도 이 이름에 대해 다시 한번 생각할 즈음이었다. 중심을 잡는다는 것은 단순히 내 자아를 강하게 고집하는 게 아니라, 세상 속에서 나의 자리를 찾아가는 것이라고 생각했다. 세상은 다양성으로 가득하다. 이 말인즉슨 '사람마다 무게중심이 모두 다르다'는 것이다. 이렇게 각자 다른 생각과 가치관을 지닌 수많은 사람과 어떻게 조화롭게 어울릴 수 있을까? 그것은 자신을 내세우지 않고, 열린 마음으로 세상을 바라보는 것에서 시작된다. 중심을 잡는다는 것은 곧, 자신을 비우고, 조화를 이루는 자리를 찾는 과정이기 때문이다.

이런 생각들은 자연스럽게 나를 밸런싱 아트로 이끌었

다. 돌을 세우는 작업을 하면서 나는 매번 중심을 찾아야 했다. 처음에는 단순한 호기심이었지만, 이제는 그것이 나의 삶의 방식이 되었다. 돌 하나하나를 세우면서 깨달은 점은 돌의 무게와 형태는 다양하지만, 중심을 찾으면 그 돌은 결코 흔들리지 않는다는 것이었다. 그 과정에서 나도 중심을 잡는 법을 배우게 되었다. 세상이 나를 흔들 때마다, 나는 다시 마음을 다잡고 중심을 잡아야 한다는 것을 알게 되었다.

내가 찾은 나의 이름에 부끄럽지 않기 위해 나는 끊임없이 비우는 연습을 한다. 마음이 비어 있을 때, 세상을 더 명확하게 볼 수 있고, 사람들과도 더 진실하게 소통할 수 있다. 내가 추구하는 중심은 나 자신을 강하게 내세우는 게 아니다. 오히려 나를 내려놓고, 있는 그대로의 나로 살아가는 것이다. 모든 이름에는 책임이 따른다. 부모님이 지어준 이름도, 사회에서 부여받은 역할과 직책도 마찬가지다. 그리고 그 이름들은 우리에게 주어진 삶의 중심을 의미하기도 한다.

세상에는 많은 역할이 있다. 어머니, 아버지, 자식, 직장인, 친구 등 우리는 서로 다른 상황에서 서로 다른 역할을 해내야 한다. 중요한 것은 그 모든 역할 속에서 자신의 중심을 잃지 않아야 한다는 것이다. 내가 밸런싱 아트를 하면서 매번 느꼈던 건, 아주 미세한 차이로도 돌은 금방 무너진다는 점이다. 하지만 조금만 더 신경을 쓰고 중심을 잡아가면, 흔들리지 않고 우뚝 서는 돌을 볼 수 있다. 우리의 삶도 이와 다르지 않다고 생각한다. 그 중심을 잃지 않기 위해서는 늘 자신을 다잡고, 한순간의 치우침도 허락하지 않아야 한다.

내가 추구하는 것은 세상 속에서 강한 사람이 되는 것이 아니라, 유연한 사람, 흔들리지 않는 중심을 가진 사람이 되는 것이다. 세상이 나에게 주는 수많은 시련 속에서도 나를 잃지 않고, 조화롭게 살아가는 사람이 되고 싶다. 그래서 중심을 잡는다는 건 내가 원했던 목표를 이룰 때만 의미가 있는 것이 아니다. 중심을 지키는 과정 자체가 우리의 삶의 목적일 수 있다.

수많은 돌을 세우면서 나는 내가 얼마나 불안정한 존재인지를 느끼고, 또 그 과정에서 비로소 나만의 중심을 잡게 되었다. 결국 내가 찾은 진리는, 스스로를 비우고 세상과 유연하게 조화를 이루며 살아가는 것이다.

　세상 속에서 우리는 다양한 이름을 지닐 수 있다. 어떤 이름을 가지고 있든지, 그 이름의 무게를 견디고 중심을 잡는 것이 중요하다. 내 이름은 나의 인생의 방향을 말해준다. 앞에서도 말했듯이 nSOUL은 나에게 무한한 가능성과 치우치지 않는 중심을 의미한다. 그래서 나는 이 이름을 사랑한다. 나의 이름에는 자유로움과 유연함, 그리고 내면의 강인함이 담겨 있다. 그게 나의 이름이자, 나의 길이다.

　나의 이름은 nSOUL이다.
　당신의 이름은 무엇인가?

■ 돌 쌓기의 정석 ■

본격적으로 돌을 쌓으려는 초심자를 위한 조언

제5강
무너뜨리기

미련 없이 무너뜨린다

● 밸런싱 아트의 가장 기본 원칙은 '스스로 쌓아 올린 뒤에는 스스로 무너뜨리는 것'입니다. 여기서 중요한 것은 '그냥'입니다. 아무런 이유 없이 그냥 무너뜨리는 것입니다. 거의 반나절 가깝게 한자리에 앉아 온 몸과 마음의 통증을 견디며 완성시킨 결과물이지만, 무너질 땐 손가락 하나로 너무나도 손쉽게 무너져 내립니다. 왜냐고 묻는다면, 저는 그냥 이게 좋습니다. 무너짐을 바라보는 것도, 다 무너져 다시금 바닥으로 돌아가 있는 그 느낌도 좋습니다.

● 그리고 가장 좋은 것은 역설적이게도, 너무나 힘겹게 쌓아 올린 돌탑을 너무나 쉽게 무너뜨린다는 그 사실 자체입니다. 뭐랄까, '나는 할 만큼 했으니 이제 되었다'라는 감정이랄까요. 할 만큼 하고 버틸 만큼 버티고 이룰 만큼 이루고 누릴 만큼 누린 뒤 오직 스스로의 의지로 다 무너뜨린다는 사실이, 그러곤 다시금 바닥으로 돌아간다는 사실이 제게는 이 작업의 가장 큰 결과물이라는 생각이 듭니다. 제 마음이 이해가 되실까요?

● 접시 가득 담긴 요리를 다 맛보고 그 접시를 말끔이 비워낸 뒤 깨끗이 닦아 다시금 테이블 위에 올려놓을 때의 쾌감이랄까요. 여기에는 또 다른 것을 담아낼

수 있다는 기쁨이 있고 설렘이 있습니다. 집착과 욕망이 난무하는 이 세상에서 스스로 접시를 비워낼 수 있다는 사실만으로도 제 삶이 특별해지는 것 같은 느낌이 들거든요. 아, 어쩌면 이 순간을 위해 그토록 힘겹게 돌을 쌓아 올린 것인지도 모르겠네요.

● 전 늘 평범함이 쌓여 특별함이 되길 바라왔습니다. 솔직히 처음엔 제가 쌓은 돌탑을 스스로 무너뜨리는 것이 아까웠습니다. 그래서 그냥 그 상태로 두고 온 적도 많았습니다. 하루 뒤에 갔는데도 여전히 서 있었던 적도 있죠. 하지만 이제는 특별한 이유가 없는 한 반드시 무너뜨리고 자리에서 일어섭니다. 미세한 손떨림 하나까지 조절하여 힘들게 세운 무언가를 그 손떨림 하나로 무너뜨릴 때의 또 다른 개운함. 이 감각은 돌탑을 다 세우고 난 뒤의 성취감과는 완전히 다릅니다. '진짜로 다 끝났다' 싶은 감정. 사랑하지만 결국 떠나보낼 수밖에 없는 존재를 떠나보낸 뒤 파도처럼 밀려오는 미련과 새로운 시작에 대한 설렘의 뒤섞임. 쌓는 데 몇 시간, 무너뜨리는 데 단 몇 초의 반복 행위는 결국 특별한 순간을 찾기 위한 저의 지극히 평범한 과정인 셈이죠.

마치며

나의 빈 공간은 세상이 채워줄 것이기에

> 흔들리는 건 당신의 눈이다.
> 활을 당기는 건 당신의 손이다.
> 명중을 의심하는 건 당신의 마음이다.
> 과녁은 늘 제자리에 있을 뿐이다.
> _석가모니

인생은 끝이 보이지 않는 어두운 길을 걷는 것과 같다. 앞이 보이지 않기에 늘 두렵고, 그 길을 어떻게 걸어야 할지 정해진 답이 없기에 더욱 어렵게 느껴진다. 원하는 것이 무엇인지 몰라도 괜찮다. 삶의 의미라는 게 꼭 하고자 하는 일을 해 나갈 때만 있는 것은 아니다. 아니, 사실 굳이 의미를 두지 않아도 된다. 솔직히 말하면 나도 여전히 잘 모르겠다. 삶이라는 것이 무엇인지, 인간으로서 이 세상에 태어나 버티고 나아가는 데 어떤 의미가 있는지, 그리고 언젠가 다가올 삶의 끝조차도 가늠하지 못한다. 참 많은 것을 알려고 했다. 내가 왜 태어났는지, 왜 살아가야 하는지, 지금 하고 있는 것들이 왜 필요한지 말이다. 그런데 어느 순간 깨달았다. 도저히 알 수 없다는 사실을. 그래서 더는 알려고 하지 않기로 했다.

우리는 발붙이고 사는 이 세상조차도 완전히 이해하지 못한다. 이 세계가 어떻게 만들어졌는지, 우리가 어떤 존재인지조차도 완벽히 알지 못한다. 그렇다면 우리 자신에 대해서도 완전하게 알 수 있을까? 나는 이제 그냥 살아가기로 했다. 예전에는 하고 싶은 것도 많았고, 되고 싶은 것도 정말 많았다. 하지만 이제는 다 내려놓았다. 밸런싱 아트가 나 자신을 내려놓게 만들었다. 알고 싶었던 것들, 하고 싶었던 것들, 다 내려놓고 나니, 세상이 끝난 듯 허무하고 무의미해 보였다.

하지만 그런 허무함을 신경 쓰지 않고 살다 보니, 오히려 지금의 모습이 되었다. 밸런싱 아티스트이자 글을 쓰는 작가로서의 삶. 한때는 상상도 하지 못했던 삶을 살고 있다. 뭔가를 죽어라 쫓고 애썼을 땐 자꾸만 무너지고 좌절했는

데, 이제는 그저 흘러가는 대로 살다 보니, 오히려 내가 상상했던 것보다 더 멋진 삶이 되어 있다.

세상과 싸우려고 하면 할수록 힘들고 버거웠다. "네가 날 이렇게 무너뜨려? 그럼 내가 어떻게든 이겨내고 말겠어!"라며 발버둥을 쳤지만, 세상은 그런 나를 계속 좌절시켰다. 그러다 어느 날, 내가 나를 무너뜨렸다. 그런데 놀라운 것은 그 순간부터 더는 세상과 싸울 필요가 없었다. 싸울 내가 없었으니까. 그렇게 스스로를 무너뜨리고 나니 세상은 마치 내 편이 되어 나를 돕기 시작했다.

이제는 안다. 세상이 나에게 계속해서 말을 걸었던 것이다. "너 혼자 애쓰지 마, 우리가 도와줄 수 있어." 그렇게 세상은 내 그릇을 비워야 무언가를 담을 수 있다는 진리를 알려주었다. 내가 고집을 부리고 나만의 방식으로 세상을 바꾸려 했을 때, 세상은 나를 막아섰다. 내가 내려놓고 비우자, 그 빈 공간에 세상이 나를 위해 무언가를 채워주기 시작했다. 그렇게 나는 밸런싱 아티스트가 되었다.

이제는 지치고 무기력해질 때도 무서워하지 않는다. 원하는 것이 무엇인지 몰라도 괜찮다. 의미가 없어 보이는 날도 걱정하지 않는다. 삶 자체로도 충분히 의미가 있다는 걸 알고 있기 때문이다. 그런 의미에서 이 책의 마지막 장을 펼친 당신에게 해주고 싶은 말은 너무 애쓰지 말라는 것이다. 간절히 원하는 것을 이루는 것도 좋지만, 자신을 비우고 그 텅 빈 공간에 세상이 무엇을 채워줄지 기대하며 살아가는 것도 꽤나 흥미롭고 의미 있는 일이다. 스스로 내려놓는 것, 무너지는 것도 두려워하지 말라. 그 속에서 진정한 의미를 발견하고 당신만의 중심을 잡을 수 있을 것이다.

삶은 언제나 우리를 응원하고 있으니까.

무너져도 괜찮아
잃어버린 삶의 균형을 되찾을 중심 잡기의 기술

엔소울 글·그림

초판 1쇄 인쇄 2025년 1월 8일	주소 경기도 파주시 문발로 139, 401호
초판 1쇄 발행 2025년 1월 15일	전화 070-8211-2265
발행처 자크드앙	팩스 0504-141-5750
디자인 데일리루틴	이메일 official@zacdang.net
제작 (주)공간코퍼레이션	신고번호 제2024-000142호
ISBN 979-11-990232-1-5 (03810)	홈페이지 instagram.com/zacdang_

값 18,000원

© 엔소울, 2025

자크드앙은 함께 선을 넘고 점 하나를 찍을 독자 여러분의 제안과 투고를 기다립니다.

· 이 책의 내용 일부 또는 전부를 재사용하려면 반드시 자크드앙의 동의를 얻어야 합니다.
· 잘못 만들어진 책은 구입처에서 교환해드립니다.